PENSAMENTOS CRÍTICOS

Luiz Alberto Hetem

PENSAMENTOS CRÍTICOS

ns
SÃO PAULO, 2019

Pensamentos críticos

COORDENAÇÃO EDITORIAL: SSegovia Editorial
PREPARAÇÃO: Lindsay Viola
DIAGRAMAÇÃO: Abreu's System
REVISÃO: Tassia Carvalho
CAPA: Lumiar Designer

AQUISIÇÕES
Cleber Vasconcelos

Texto de acordo com as normas do Novo Acordo Ortográfico da Língua Portuguesa (1990), em vigor desde 1º de janeiro de 2009.

Dados Internacionais de Catalogação na Publicação (CIP)
Angélica Ilacqua CRB-8/7057

Hetem, Luiz Alberto
Pensamentos críticos / Luiz Alberto Hetem. –
Barueri, SP : Novo Século Editora, 2019.

1. Autoajuda 2. Autoconhecimento 3 Pensamento crítico
4. Psicologia I. Título

19-1382 CDD-158.1

Índice para catálogo sistemático:
1. Autoajuda 158.1

Alameda Araguaia, 2190 – Bloco A – 11º andar – Conjunto 1111
CEP 06455-000 – Alphaville Industrial, Barueri – SP – Brasil
Tel.: (11) 3699-7107 | Fax: (11) 3699-7323
www.gruponovoseculo.com.br | atendimento@novoseculo.com.br

Para os meus amigos

Agradecimentos

Este livro nasceu do que escrevi no Facebook ao longo dos últimos anos. As pessoas que curtiam e comentavam minhas publicações, mesmo sem o saber, foram decisivas para que eu continuasse a escrever. A todas elas, e especialmente a Carla Ribeiro, Cristina Renata Trebitz, Edson Janotti, Isabel Pedroso, Ivan Caires, Maristela Hernandes, Nino Franco dos Santos, Ricardo Otávio Marques, Sena Tufik, Suhaila El Faro e Vivian Borges, o meu muito obrigado.

Agradeço aos colegas e grandes amigos do Grupo de Estudos em Psiquiatria (GEP), Marco Antonio Brasil, Neury Botega, Mário Eduardo Costa Pereira, Fábio Rocha, Marco Antonio Bessa e Marcelo Fleck. Sem o pensamento crítico estimulado e praticado em nossas reuniões, muitas das ideias aqui expressas não teriam maturado.

Sou imensamente grato à Carolina Fagnani, da Predicado Comunicação, por ter me estimulado, enfrentando minha hesitação e minha resistência, a escrever posts regulares no Facebook. Comecei despretensiosamente e deu no que deu.

Sou grato ao meu editor, Luiz Vasconcelos, o qual me deu apoio crítico e construtivo desde que lhe apresentei a ideia de fazer essa compilação, como ele sabe fazer muito bem.

Agradeço à Silvia Segóvia, produtora editorial, e a toda equipe do Grupo Novo Século pelo empenho com que realizaram de maneira séria e competente o trabalho necessário para transformação de minha ideia inicial neste livro que está em suas mãos. Pode ter certeza de que ele foi maior do que se possa imaginar.

Finalmente, meu agradecimento especial à esposa amada, aos filhos, ao genro e à nora, pela paciência, pelo respeito e pelo estímulo constantes e personalizados (cada qual à sua maneira), e o reconhecimento de que sem esse convívio a vida seria bem mais difícil.

Sumário

Prefácio 11

PSIQUIATRIA 13

MEDICINA 67

EMOÇÕES 91

FILOSOFIA 137

ASSUNTOS DIVERSOS 167

Posfácio 222

Prefácio

Nesta obra você vai encontrar reflexões sobre temas variados de psiquiatria, medicina, psicologia e filosofia, áreas do saber úteis para o entendimento de quem somos, por que agimos de determinada maneira, como nos relacionamos conosco mesmos e com os outros e de que modo chegamos até aqui. Escrevo também sobre outros assuntos, variados e de difícil categorização, que agrupei em uma seção à parte.

Acredito piamente no desenvolvimento pessoal baseado em conhecimento, autoconhecimento e autocrítica; na necessidade de se dar sentido a mudanças de rumo necessárias ou imprevistas; e que é preciso sabedoria para norteá-los.

Conhecimento e sabedoria, a meu ver, são inseparáveis da prática do pensamento crítico, da capacidade de se utilizar da razão para determinar o valor, a importância e a veracidade das informações disponíveis. Pensar criticamente envolve também distinguir argumentos racionais de emocionais; reconhecer a limitação das evidências; fazer associações entre os dados; atentar para informações contraditórias, ambíguas e inadequadas; admitir que um problema pode não ter solução simples; evitar conclusões precipitadas; sempre considerar o contexto de uma fala, argumentação ou lembrança; e organizar seu raciocínio (e sua fala e sua escrita) de modo coerente, lógico e coeso.

As cinco seções do livro podem ser lidas separadamente. São inter-relacionadas, mas autônomas. Também dentro de cada uma delas os tópicos são independentes, prestando-se a leituras aleatórias. Por outro lado, o conteúdo do livro insere-se dentro de um todo – o meu pensamento crítico a respeito do que li, vi, escutei e vivi nos últimos anos.

Ao longo do texto cito livros, fontes primárias, e faço referências a músicas que ilustram e complementam as ideias que abordo. Para não truncarem a leitura, essas citações consistem do mínimo de dados. Eles são suficientes, contudo, para que os interessados as encontrem com um simples Google ou no YouTube.

Boa leitura.

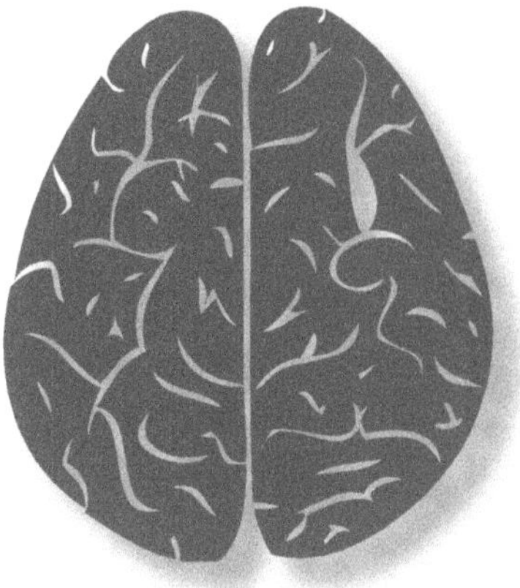

PSIQUIATRIA

Ψ

• Ansiedade normal e patológica •

Por definição, ansiedade é um sentimento desagradável. Sendo assim, não é por ser incômoda que deve ser considerada anormal. A ansiedade é análoga ao medo, do qual se distingue pela falta de um foco definido; pelo fato de ser vaga e difusa. A ansiedade pode variar desde um leve mal-estar até uma crise de pânico, associada à antecipação catastrófica de problemas futuros, derivados ou não de circunstâncias presentes. Vem acompanhada de mudanças biológicas, endócrinas, fisiológicas, psicológicas e comportamentais bastante características, que se traduzem em sintomas e sinais, muito mais os primeiros do que os segundos.

Interessante notar que o fato de ser desagradável não é o que distingue a ansiedade normal da patológica, visto que ela é sempre desagradável, mas sim a intensidade, a duração, a adequação ao estímulo desencadeante e o grau de limitação que ela ocasiona. Assim sendo, um transtorno de ansiedade – denominação que se dá à ansiedade patológica – tem manifestações mais intensas e mais duradouras, desproporcionais às circunstâncias em que surgiram e muito limitantes, chegando até a incapacitar transitoriamente a pessoa para o trabalho.

A ansiedade normal funciona como uma mola propulsora para superar, eliminar e resolver com eficiência os problemas e as dificuldades com que deparamos. Muito mais ajuda do que atrapalha, apesar do incômodo que provoca. Seu valor adaptativo é indiscutível. Já a ansiedade patológica é paralisante.

• Esquizofrenia •

O grupo das esquizofrenias foi um termo cunhado pelo psiquiatra suíço Eugen Bleuler (1857-1939), em 1911, para se referir ao que anteriormente era denominado *demência precoce* pelo psiquiatra alemão Emil Kraepelin (1856-1926). Ainda hoje é bastante forte a impressão de que vários transtornos diferentes são englobados no diagnóstico de esquizofrenia, cuja divisão em subgrupos nunca foi satisfatória. Por sua vez, dois grandes grupos sempre existiram: o de pacientes que evoluem relativamente bem e aqueles que não melhoram com os tratamentos disponíveis. É difícil prever seu curso e sua evolução na primeira avaliação clínica.

As ocorrências mais características da esquizofrenia são delírios (alterações do conteúdo do pensamento) e alucinações (alterações da percepção) em pessoas sem turvação da consciência. Também fazem parte do quadro clínico as alterações do afeto (embotamento e inadequação), do comportamento motor e do encadeamento de ideias. Os pacientes com melhor prognóstico são os que estavam bem ajustados antes do início do transtorno, os que têm episódios de exacerbação aguda entremeados com períodos de normalidade e os que contam com apoio familiar. Esse, inclusive, é fundamental.

A prevalência (número total de casos de uma doença em determinado momento) da esquizofrenia tem se mantido constante, em torno de 1,5% da população adulta, ao longo do tempo. O início do quadro se dá geralmente entre os 16 e 25 anos. Sua ocorrência é rara antes dos 12 e depois dos 40 anos. O tratamento medicamentoso com antipsicóticos tem eficácia comprovada, mas não controla todos os sintomas do transtorno. Os melhores resultados são obtidos quando se faz a associação do remédio com manejo clínico individualizado e orientação terapêutica do paciente e de sua família.

Certa vez atendi um paciente com esquizofrenia residual. Depois de vários episódios de exacerbação aguda, com delírios desorganizados e alucinações, ele respondeu bem ao tratamento, que depois foi para a fase de manutenção. Nesse estágio, o paciente leva uma vida praticamente normal. Apesar de não ter conseguido terminar a faculdade de engenharia, trabalha na oficina do pai com afinco e dedicação. Casou-se e tem uma filhinha. Os pais estavam com ele na consulta. De um lado, o pai, muito satisfeito com o resultado do tratamento. Do outro, a mãe, tentando disfarçar sua angústia, e me perguntando mais uma vez onde foi que errara para que o filho tivesse um transtorno mental tão grave.

A grande questão se a ocorrência de esquizofrenia se deve à criação ou à carga genética está resolvida há décadas. Pode até haver alguma contribuição do meio ambiente, mas, sem dúvida, a genética tem uma influência muito maior, respondendo por 80% do risco do transtorno. De onde vem, então, essa crença de que a esquizofrenia teria a ver com o modo como a pessoa foi criada? Dos escritos de duas figuras bastante influentes em meados do século passado. Suas ideias foram inteiramente desacreditadas cientificamente, mas continuam vigorando no imaginário popular e, com mais intensidade, no seio das famílias com pessoas afligidas pelo transtorno.

Em 1948, Frieda Fromm-Reichmann (1889-1957), psiquiatra alemã radicada nos Estados Unidos, com base na análise de 11 pacientes, sem nunca sequer ter escutado seus parentes, propôs a hipótese da "mãe esquizofrenogênica". Segundo ela, a esquizofrenia seria causada pela convivência com mãe moralista, fria, emocionalmente distante, avessa a contato físico e desaprovadora. Trata-se de uma concepção ultrapassada. Há muito se sabe que a esquizofrenia se deve primordialmente à genética. Com exceção dessa "bola fora", porém, Fromm-Reichmann foi uma profissional séria, competente e dedicada.

Em 1956, Gregory Bateson (1904-1980), antropologista inglês, denominou como "duplo vínculo" a comunicação que trazia embutida uma contradição entre a mensagem verbal e a não verbal. Por essa ideia, a mãe (sempre a mãe...) expressava sua afeição pelo filho em palavras ("Venha dar um abraço na mamãe"), mas, simultaneamente, pela atitude corporal, demonstrava raiva ou ressentimento. Essa contradição gerava na criança uma confusão que, com o tempo e a repetição, causaria a esquizofrenia. Essa teoria foi posta de lado, mas todo psiquiatra precisa conhecê-la, mesmo sabendo que não tem fundamento, para orientar os familiares de pacientes.

Atualmente, dado o progresso ocorrido na psiquiatria, com tratamento adequado, apoio da família e disciplina para seguir as orientações terapêuticas, uma pessoa com esquizofrenia tem grandes chances de se recuperar, resgatar sua autonomia e seguir sua vida com dignidade. Isso era inimaginável até sessenta anos atrás, quando simplesmente não havia o que se fazer e a pessoa com esse transtorno estaria condenada a terminar seus dias num asilo para alienados ou a vegetar depois de submetida à lobotomia.

• Depressão •

Do mesmo modo que outras doenças, a depressão pode ser classificada como leve, moderada ou grave. O que caracteriza os quadros menos intensos é o prejuízo da capacidade de se desfrutar os pequenos prazeres de cada dia, que justamente são os que dão sentido à vida. Na medida em que o quadro se agrava, o que ocorre com mais frequência do que a remissão espontânea, surgem os sintomas clássicos: tristeza profunda, ideias de morte, pessimismo, desânimo e completo desinteresse por atividades que antes eram prazerosas.

Existem doenças que mimetizam sintomas de depressão, principalmente desânimo e apatia. Dentre elas, temos o hipotireoidismo, a desnutrição, a anemia, as viroses (como Dengue, Influenza e Zika), os processos infecciosos crônicos e alguns tipos de câncer, que devem ser descartados no processo de investigação diagnóstica. Com esse intuito são solicitados exames complementares. Infelizmente, não existem marcadores biológicos confiáveis para depressão.

A pessoa com depressão tem percepção distorcida da realidade. Supervaloriza os aspectos negativos da sua vida (perdas, vacilos, oportunidades desperdiçadas), rumina-os, criando uma espiral descendente que a leva cada vez mais para o fundo do buraco em que se encontra. Para ela, todo e qualquer contratempo confirma sua visão fundamental de que a vida é injusta e não vale a pena ser vivida.

Durante meu pós-doutorado, um dos temas com que trabalhei foi a interferência do humor (depressivo e ansioso) no funcionamento cognitivo. Além da percepção, a memória também é seletivamente afetada pela depressão: fica mais aguçada para as ocorrências tristes. Essas distorções cognitivas contribuem para a perpetuação do quadro depressivo. A boa notícia é que podem ser neutralizadas quando se toma consciência de sua existência, com o auxílio de um profissional de saúde mental.

Nassir Ghaemi, psiquiatra estadunidense de origem iraniana, é um dos grandes pensadores da psiquiatria contemporânea. Possui vasta experiência clínica e profundo conhecimento filosófico e literário. No livro *On Depression: Drugs, Diagnosis, and Despair in the Modern World* (2013, ainda sem tradução para o português), ele faz uma proposta instigante: que haveria a "depressão doença" e a "depressão não doença". E mais: que vivenciar uma depressão, no fim das contas, pode ter benefícios. Ele diz que grandes realizações podem se originar de grande sofrimento, e que compreender a depressão, dar sentido à sua ocorrência, aprofunda o autoconhecimento, faz com que se dê novo valor à alegria e conduz a uma vida mais satisfatória. Concordo, mas acrescento que isso só acontece e é possível se a depressão for *resolvida*.

Louvável a iniciativa da Organização Mundial da Saúde de ter lançado campanha de divulgação em 2017 sobre depressão no Dia Mundial da Saúde (7 de abril). A depressão é um transtorno mental que acomete pessoas de todas as idades, é a principal causa de incapacitação em todo o mundo, mas que tem tratamento comprovadamente eficaz. Para neutralizar seu efeito nocivo e minimizar suas complicações, são necessários *identificação precoce* e *diagnóstico preciso*. Do contrário, veremos a perpetuação de uma situação paradoxal: muita gente tomando antidepressivos sem necessidade e quem se beneficiaria do tratamento específico perdido no mundo, vagando sem assistência.

• Tristeza e depressão •

É comum a confusão entre estar somente triste, abatido e cansado com estar deprimido. Nos dois sentidos há equívoco: a depressão sendo entendida como reação normal em uma fase difícil da vida; e, inversamente, tristeza e apatia (no luto, por exemplo) sendo tomadas como sinais de depressão.

A depressão é um transtorno mental traiçoeiro. Quando grave, não deixa dúvida quanto à sua presença; mas, se leve ou moderada, confunde-se com reações emocionais normais, principalmente em resposta a acontecimentos negativos. Suas manifestações clássicas são quatro: tristeza profunda, desinteresse generalizado, ideias de morte e angústia. Somente a tristeza, emoção normal, adequada e de valor adaptativo em certas circunstâncias de vida, não é suficiente para que se faça o diagnóstico de depressão. Por isso, não fale que está deprimido quando quer dizer que está triste.

A tristeza transforma, a depressão paralisa (2018) é o título do livro de meu colega psiquiatra e grande amigo Neury Botega, professor titular da Unicamp. Nele, com a fluência e a didática que lhe são características, explica detalhadamente como se diferencia tristeza, emoção normal, das diversas formas de depressão que assolam mais de 300 milhões de pessoas em todo o mundo.

• Luto e depressão •

A morte de um ente querido rompe de maneira irreversível uma ligação física e invariavelmente causa dor, pesar e luto. Embora o rompimento de um vínculo cause tristeza, ele não necessariamente causa depressão. Em termos de sintomas, o luto e a depressão são muito parecidos, com a exceção de que no luto a diminuição da autoestima não é tão acentuada quanto na depressão. Sigmund Freud (1856-1939), em 1917, afirmou que no luto é o mundo que se torna mais empobrecido e vazio enquanto na melancolia é a pessoa que se sente assim.

Homens e mulheres reagem à morte de um ente querido com tristeza e outros sintomas depressivos. A universalidade dessa resposta nos obriga a pensar que ela é normal. E, de fato, a maioria das pessoas se recupera do luto em alguns meses, sem tratamento específico. O amparo de familiares e amigos auxilia enormemente nesse processo de recuperação. O risco de o luto se transformar em depressão é maior quando a pessoa enlutada se vê desamparada; sem apoio emocional, físico e financeiro.

O luto pela perda de um ente querido tem muito em comum com a depressão, mas ambos não são equivalentes. No luto, normalmente a pessoa experimenta tristeza, perturbação do sono, nervosismo e diminuição da capacidade de lidar com as tarefas diárias. Tais manifestações, entretanto, se resolvem sem tratamento em dois a quatro meses, na medida em que se elabora a perda da pessoa amada e se reorienta a vida na ausência desta. Não é comum que pessoas procurem ajuda psiquiátrica ou psicológica por estarem de luto, exatamente porque a maior parte delas entende que é uma reação normal.

O luto mal resolvido ou complicado pode facilitar a instalação de depressão. O luto normal pode se complicar de três formas: 1) a persistência de suas manifestações por mais de quatro meses, cada vez mais acentuadas; 2) a ocorrência tardia dos sintomas, muito tempo depois do falecimento sendo que, até então, tudo parecia bem e a perda, já superada; e 3) a apresentação anômala, quando as manifestações normais do luto (tristeza, pesar, angústia) dão lugar à indiferença afetiva e tendência ao isolamento. Qualquer uma dessas evoluções atípicas justifica a busca de auxílio especializado.

• O conjunto mente-cérebro •

O médico e filósofo belga Jean-Noël Missa é autor de um livro intitulado *L'esprit-cerveau* (1993), sem tradução para o português, no qual ele traça um paralelo entre a filosofia da mente e os avanços das neurociências que valoriza a ideia do conjunto mente-cérebro, já que seu bom funcionamento e seus efeitos dependem da integridade e da interação bem sincronizada de ambos.

O cérebro e a mente formam um sistema orgânico binário comparável ao cardiorrespiratório, constituído por coração e pulmão. Nos dois casos, dois componentes distintos, cada um com características próprias e funções primárias bem definidas, trabalham em conjunto para a obtenção de resultado mais amplo e complexo.

A função primordial do sistema cardiorrespiratório é levar para todas as células do corpo o oxigênio, que é incorporado ao sangue no pulmão. Sem a propulsão cardíaca o sistema para; e se houver comprometimento dos alvéolos pulmonares ele não será eficiente. Um depende do outro e a integridade de todo o organismo depende do seu bom funcionamento. A mesma dinâmica vale para o sistema mente-cérebro.

As funções do conjunto mente-cérebro são três: processamento de informações internas (corporais) e externas (ambiente); equilíbrio, movimento e orientação do corpo; e regulação da interação com o mundo externo. Essa última engloba as ações e as reações com vistas à sobrevivência, à reprodução, à exploração, à compreensão, à interação social e às atividades delas derivadas, das quais a cognição (memória, atenção, crenças, emoções, capacidade de resolver problemas e tomada de decisões) sempre participa.

O conceito de transtorno mental como um adoecimento, uma disfunção, do sistema mente-cérebro não pode ser dissociado do prejuízo que ele ocasiona no desempenho social, familiar e profissional. Não existe transtorno mental que não cause perturbações desses setores da vida da pessoa acometida. Que fique bem claro, no entanto, que nem todo prejuízo social/comportamental referido ou percebido é ocasionado necessariamente por um transtorno mental.

• Os modos de funcionamento do conjunto mente-cérebro •

São pelo menos quatro os modos de funcionamento do conjunto mente-cérebro: criativo, de sobrevivência, cansado/desgastado e relaxado/acomodado. Cada um deles tem características próprias e em geral se alternam em resposta a acontecimentos de vida. É importante saber qual deles está prevalecendo – algo que não precisa ser feito todos os dias, pois em geral perduram por períodos mais longos.

O ideal é que nos situemos quanto ao modo de funcionamento do nosso conjunto mente-cérebro pelo menos uma vez por semana em fases estáveis da vida. Em momentos de mais turbulência e de maior demanda isso deve ser feito com mais frequência, da mesma forma que consultamos mais vezes e com mais atenção o GPS nos trechos menos conhecidos, mais tortuosos e mais tensos do caminho.

No modo criativo, o conjunto mente-cérebro perde um pouco o senso de tempo e de espaço, no bom sentido, porque está voltado para a criação e a manutenção de um espaço mental amplo em que seja mais proveitoso o trabalho de questionamento, aprendizado, pensamento crítico e tomada de decisões necessários nas fases de mudanças e no enfrentamento de desafios.

No modo de sobrevivência, o conjunto mente-cérebro funciona de maneira bastante econômica e restringe o foco de atenção para questões mais prementes. Um exemplo clássico é quando estamos em situação de perigo real e imediato, nas quais o instinto fala mais alto.

O conjunto mente-cérebro cansado ou desgastado em geral foi bastante exigido por circunstâncias de vida difíceis e prolongadas. Quando as coisas melhoram, ele se recupera. Inclusive, sua capacidade de recuperação é incrível. Não é incomum que ele entre nesse modo de funcionamento em virtude de problemas criados pela visão de mundo catastrófica provocada pela ansiedade crônica.

O modo relaxado/acomodado do conjunto mente-cérebro prevalece quando estamos na nossa zona de conforto, levando a rotina da vida sem maiores desafios. Nesse estado, a criatividade é pequena e praticamente não existe inovação. É o descanso do guerreiro, em que se dá seu restabelecimento da sobrecarga criativa ou da atividade do modo de sobrevivência.

• Perigo, perigo •

O transtorno de pânico foi descrito por Donald Klein, psiquiatria estadunidense, no início da década de 1960, quando percebeu que pacientes "fóbico-ansiosos" melhoravam muito com a recém-lançada imipramina, o primeiro antidepressivo. Anteriormente, o quadro, com limites mais borrados, foi chamado de "neurose de ansiedade" por Sigmund Freud (1856-1939), neurologista austríaco, e de "síndrome de despersonalização fóbico-ansiosa" por Martin Roth (1917-2006), psiquiatra britânico.

O transtorno de pânico se caracteriza por uma descarga de ansiedade que surge do nada, acompanhado de diversos sintomas bastante desagradáveis. Enquanto não se entende que aquele mal-estar envolvendo sistemas tão diversos – como o digestório, o cardiovascular, o pulmonar, o endócrino e o nervoso – se deve a manifestações de ansiedade, gasta-se tempo (e consome-se energia) especulando-se o que aquilo pode significar.

Será um derrame? Um ataque cardíaco? Um desbalanço hormonal? Enxaqueca? Labirintite? Gastrite? Intestino irritável? Pressão baixa? Pressão alta? Câncer? As manifestações de ansiedade aguda intensa são muito variadas e, por isso, dão margem a que se pense em todas essas possibilidades e em mais algumas.

Muito comumente o primeiro ataque de pânico é tão aterrorizador que faz com que a pessoa vá apavorada em busca de atendimento. Não só ela pensa que está morrendo, como também quem está à sua volta tem a mesma impressão. Em geral, à primeira vista, o médico plantonista que recebe o paciente também pensa que se trata de infarto do miocárdio dada a palidez, a hiperventilação e o aumento da frequência cardíaca. É mesmo uma ocorrência dramática. O risco de morte, entretanto, é zero.

A ativação anômala de circuitos cerebrais relacionados com as respostas emocionais a situações de perigo real e imediato, os mesmos responsáveis pela reação de fuga ou luta nos animais diante de ameaça muito próxima, parece ser o substrato neurobiológico das crises de ansiedade que caracterizam o transtorno de pânico. O efeito antipânico comprovado de alguns antidepressivos, a imipramina entre eles, tem a ver com a neuromodulação desses circuitos. Sua boa eficácia justifica que sejam utilizados no tratamento de pessoas com esse transtorno de ansiedade.

• Toc, toc, toc •

O transtorno obsessivo-compulsivo (TOC) é limitante e perturbador. Os rituais que fazem parte do quadro interferem não somente na rotina da pessoa com o problema como também de seus familiares. Lembro-me de uma paciente obcecada pela ideia de contaminação, que transformou a varanda da sua casa numa espécie de antessala em que todos deviam trocar de roupa para entrar no imóvel. Algo equivalente ao vestiário de um centro cirúrgico. E, por incrível que possa parecer, *todos* os moradores e visitantes incorporaram o protocolo instituído por ela para evitar atritos.

O TOC se caracteriza, como o nome diz, por obsessões e compulsões. Obsessões são ideias e imagens repetitivas, perturbadoras e, principalmente, intrusas, ou seja, invadem a cena mental sem serem convidadas e se recusam a sair dela. Compulsões são rituais (em geral comportamentais, mas às vezes somente mentais) realizados para aliviar ou neutralizar a ansiedade provocada pelas obsessões. Uma coisa puxa a outra, fechando-se num círculo vicioso difícil de ser interrompido.

O TOC causa sofrimento por várias vias e em níveis diversos. O conteúdo das obsessões é invariavelmente perturbador. As compulsões nem sempre são eficazes no alívio das ideias obsessivas, mas frequentemente são constrangedoras, cansativas e tomam muito tempo. Além disso, pela esquisitice que é característica do transtorno, a pessoa com TOC costuma ser vítima da incompreensão das pessoas, mesmo as mais próximas.

O tratamento de pessoas com TOC exige uma equipe de profissionais – psiquiatra, psicólogo, acompanhante terapêutico e terapeuta ocupacional – trabalhando em sintonia. Tanto o paciente quanto seus familiares precisam de orientação. É impressionante como pequenos progressos no controle dos sintomas já fazem diferença: aliviam o sofrimento provocado pelas obsessões, diminuem o tempo gasto com os rituais e proporcionam ganho da qualidade de vida.

Não se sabe qual é a causa do TOC. Até já foram identificadas algumas regiões cerebrais que funcionam de forma anômala em pacientes com esse transtorno mental, mas isso não mudou o fato de que as obsessões – sua essência – sejam completamente involuntárias. Assim sendo, uma coisa é certa: não se ganha delas no grito, nem na pressão. Em outras palavras, não adianta dar bronca, chamar a atenção, ameaçar e muito menos bater na pessoa com TOC imaginando que ela poderá se controlar e mudar sua realidade se obrigada a fazê-lo. Isso é muito difícil, impossível até, sem ajuda especializada.

• Doença ou transtorno mental? •

Em Medicina utiliza-se a palavra *doença* para se referir a desvios da normalidade do funcionamento corporal com causa, agente, mecanismos fisiopatológicos, curso e desfecho conhecidos. Esse nível de conhecimento tão completo ainda não existe em Psiquiatria. É bom que se diga, aliás, que essa é a dura realidade também de outras especialidades médicas – Reumatologia, Endocrinologia, Oncologia, para citar apenas algumas.

Por isso, atualmente se utiliza transtorno mental, e não mais doença mental, para se referir aos quadros psiquiátricos. Não é apenas mais um eufemismo do politicamente correto, mas sim uma preocupação com terminologia que expresse melhor o estado atual do conhecimento. Sendo assim, não seria correto denominar como doenças a esquizofrenia, a depressão, o transtorno bipolar ou o transtorno obsessivo-compulsivo, já que seus sinais e sintomas não têm causa e nem agente conhecidos.

Um transtorno mental se caracteriza por perturbação clinicamente significativa na cognição, na regulação emocional ou no comportamento de um indivíduo que reflete disfunção nos processos psicológicos, biológicos ou de desenvolvimento subjacentes ao funcionamento mental. Além disso, para que seja considerado um transtorno mental, ele deve, necessariamente, provocar sofrimento ou incapacidade significativos que afetam atividades sociais e profissionais. Do contrário, como às vezes é o que parece desejar a Associação Psiquiátrica Americana, praticamente todos nós temos algum transtorno mental.

• Origem e tratamento dos transtornos mentais •

Em *A loucura e as épocas* (1994), Isaías Pessotti, psicólogo, escritor e professor universitário, conta que, historicamente, são três as perspectivas adotadas para explicar os transtornos mentais. A *místico-religiosa* atribui o desarranjo à possessão demoníaca, perturbação espiritual ou influência divina. A *passional* vê nas emoções intensas e descontroladas a raiz da insanidade. A *naturalística* busca nos desequilíbrios do organismo a causa dos transtornos mentais. Uma visão predomina sobre a outra conforme a época e o local, porém elas desde sempre convivem e continuam atuantes.

Dependendo de como se concebe a origem dos transtornos mentais, faz-se sua abordagem terapêutica. Hoje em dia, grupos religiosos adotam a prática de passes e exorcismos, acreditando que assim neutralizam as entidades que perturbam os pacientes; a psicanálise busca no inconsciente memórias de experiências emocionais traumáticas, visando libertar o paciente de seu efeito nocivo; e a psiquiatria clínica utiliza medicamentos como forma principal de intervenção terapêutica, entendendo que, por seu intermédio, modificam a expressão gênica, modulam a neurotransmissão e corrigem as disfunções neurobiológicas por trás dos diferentes transtornos psiquiátricos.

O diálogo entre os diversos profissionais que lidam com pacientes com transtornos mentais, com diferentes entendimentos acerca da origem do problema (espiritual, psicológica ou organicista) e propostas de tratamento também diversas, é fundamental para que o sofrimento dessas pessoas e de seus familiares seja abreviado. Sempre que surge um impasse entre profissionais, quem leva a pior é o paciente, perdido que fica em meio à disputa de egos e a referenciais teóricos.

• O impacto da depressão nos relacionamentos •

A resposta à tristeza, à aflição e ao luto de alguém costuma ser de simpatia, apoio, encorajamento e até proteção. Com o passar do tempo, entretanto, se a pessoa não melhora, como acontece quando se instala uma depressão, essa resposta positiva dá lugar a frustração, atrito e afastamento. A pessoa deprimida provoca reações negativas nos que convivem com ela. Isso é fato conhecido. Como também é sabido que, quanto mais se prolonga essa situação, pior ela fica e que a reação negativa é mais intensa nas pessoas mais próximas, que acabam se distanciando.

Em casais em que um dos cônjuges está com depressão comumente se desenvolve um ciclo vicioso de emoções negativas e comportamentos disfuncionais. A apatia, o desinteresse e o negativismo característicos da depressão causam desequilíbrio, tensão e hostilidade na relação que, por sua vez, despertam incerteza e insegurança quanto à estabilidade do casamento, com consequente aumento do receio de se perder a pessoa amada e sentimento de culpa/remorso, que geram mais tensão e ansiedade, que aumentam o distanciamento e a raiva, que agravam a depressão, que faz com que a pessoa fique ainda mais para baixo, que aumenta o desequilíbrio, a tensão e a hostilidade...

A pessoa com depressão apresenta prejuízo em todos os seus papéis – filial, conjugal, parental, profissional e social. Essas limitações são mais evidentes no trabalho e nos relacionamentos mais próximos (pais, irmandade, cônjuge e filhos) do que nas interações com amigos e parentes mais distantes. É a família nuclear (cônjuge e filhos) que mais sente o azedume e o sofrimento da pessoa deprimida. A disposição para atividades e para as relações interpessoais de lazer também ficam comprometidas, mas menos.

• Quando a vida perde o sentido •

O suicídio, autoextermínio bem-sucedido, é sempre uma ocorrência trágica. Como também o são, mas em menor grau, as tentativas de suicídio, os atentados contra a própria vida. Por mais que pareça inofensiva ou teatral, uma tentativa de suicídio deve ser levada a sério, pois é indicativa de que a pessoa está perturbada e sentindo-se incapaz de lidar com alguma situação. No mínimo, sugere que a pessoa necessita de ajuda e atenção.

No Brasil, como um todo, estima-se que ocorram 32 suicídios por dia. O número de tentativas de suicídio, por sua vez, supera o de mortes em pelo menos dez vezes, mas não há registro em lugar algum que nos dê uma ideia precisa de sua ocorrência. Provavelmente, esse número é muito maior ainda.

Uma vez tomada a decisão de atentar contra a própria vida, a escolha do método utilizado refletirá uma combinação de fatores: o acesso a meios letais, as preferências individuais e culturais, e a intenção subjacente ao ato autoagressivo. Mulheres se valem mais frequentemente de autoenvenenamento e ingestão excessiva de medicações. Homens tendem a usar métodos mais drásticos, principalmente armas de fogo.

A depressão, principalmente quando acompanhada de desesperança e angústia; o transtorno bipolar e os transtornos de personalidade caracterizados por impulsividade, agressividade e instabilidade emocional são os transtornos mentais que mais se relacionam com ocorrência de suicídio. O diagnóstico tardio, a carência de serviços de atenção à saúde mental e o tratamento inadequado pioram a evolução desses casos e, consequentemente, aumentam o risco de suicídio.

A primeira providência ao se tomar contato com uma tentativa de suicídio é impedir que a pessoa se mate e, logo a seguir, pelo meio mais rápido possível, levá-la para avaliação em um pronto-socorro. Parece óbvio, mas não são poucos os casos em que uma tentativa de suicídio é interpretada como inofensiva, apenas uma maneira de querer chamar a atenção e que, por essa razão, devesse ser desconsiderada.

A prevenção do suicídio, cuja ocorrência aumentou entre adolescentes e idosos, tem a ver com a busca da melhoria das condições da existência humana e a diminuição dos estressores capazes de provocar sofrimento agudo. No nível familiar e comunitário ela é feita com um zelando pelo outro, cuidando de si e do outro constantemente. Destaque-se aqui o trabalho do Centro de Valorização da Vida (CVV), organização filantrópica de inegável importância na prevenção do suicídio, que o faz por meio de plantões telefônicos e, mais recentemente, também por um chat na internet.

No livro *Crise Suicida – Avaliação e Manejo* (2015), do psiquiatra paulista Neury Botega, professor titular da Unicamp e uma das maiores autoridades nacionais no assunto, suas diversas facetas são abordadas de forma acessível e abrangente. É leitura obrigatória para profissionais de saúde mental; recomendo enfaticamente.

• A montanha-russa da Psiquiatria •

Muito se tem falado do transtorno afetivo bipolar nos últimos anos. Praticamente todos os dias se escuta alguém falando "eu sou bipolar" ou "eu tenho bipolaridade". Não houve, contudo, aumento do número de casos de transtorno bipolar, mas sim uma banalização de seu diagnóstico – muito por interferência da indústria farmacêutica, com vistas ao aumento da prescrição de medicamentos.

Se considerarmos como sinal de transtorno bipolar as oscilações de humor, praticamente todos os seres humanos serão considerados bipolares. Ou, o que considero mais apropriado, multipolares. Aliás, não é a instabilidade de humor que caracteriza o transtorno bipolar, mas sim a ocorrência de episódios de excitação física e mental, as chamadas fases de mania, bem características. Colocado de outra forma, a denominada "bipolaridade" nada mais é do que uma tentativa de banalização e de expansão do conceito de transtorno bipolar, um transtorno mental não tão comum como querem nos fazer crer, mas grave e limitante se não for tratado adequadamente.

O tratamento do transtorno bipolar deve ser realizado por um psiquiatra, o médico mais bem preparado para lidar com esse tipo de transtorno mental, já que sempre implica o uso de medicações (antidepressivos, antipsicóticos e estabilizadores do humor). Tão importante quanto, porém, é a orientação do paciente e de seus familiares sobre o transtorno, seu tratamento e os sinais precoces de recaída.

• Demências •

Define-se demência como o conjunto das alterações, em geral irreversíveis, nas habilidades cognitivas (principalmente memória, orientação, cálculo e linguagem) que, por sua vez, causam mudanças no comportamento e comprometem a autonomia; a capacidade de cuidar de si mesmo e de responder pelos próprios atos.

Antes de continuar, que fique muito claro: os quadros demenciais não estão inevitavelmente vinculados ao avançar da idade. A imensa maioria dos idosos com mais de 75 anos é mentalmente saudável.

A demência, na verdade, representa uma subversão do processo normal de envelhecimento; um sinal de doença degenerativa cerebral.

Mesmo havendo uma definição geral, são vários os tipos de demência. A Doença de Alzheimer é, sem dúvida, a mais comum, responsável por cerca de 60% dos casos. Tanto que "alzheimer" tem hoje o mesmo sentido que "esclerose" tinha em meados do século passado, ou seja, é um termo vago e banalizado para se referir a demências em geral.

Além da Doença de Alzheimer, existem Demência Vascular, Demência alcóolica, Doença de Pick (que acomete apenas o lobo frontal do cérebro) e a demência da Doença de Parkinson, entre outras. Em todas elas existem indícios de alterações no cérebro, tanto estruturais (atrofia difusa ou localizada decorrente de infecções, abuso de álcool ou de causas ainda desconhecidas) quanto funcionais ("falhas" em sistemas cerebrais por prejuízo no suprimento sanguíneo, desequilíbrios hormonais ou carência de vitamina B12, por exemplo).

O tratamento das demências visa ao controle e à estabilização dos sintomas com medicamentos específicos bem como ao estímulo e à reabilitação de competências cognitivas por intermédio de técnicas de psicoterapia e terapia ocupacional. Também tem por objetivo a orientação e cuidados dos familiares do paciente que, mais cedo ou mais tarde, na dependência de seus recursos (financeiros, emocionais e de vinculação afetiva), ficam sobrecarregados.

• O jeito disfuncional de ser •

O jeito de cada um, seu temperamento, seu caráter, suas características e suas tendências naturais; tudo isso se denomina personalidade. É o que nos torna únicos e medeia nossa vida em sociedade. Ela é moldada já a partir dos primeiros momentos de vida (ou até mesmo antes, durante a fase intrauterina, segundo alguns pesquisadores) com base na predisposição genética, em estímulos e vivências.

O fato de os traços de personalidade serem relativamente constantes depois de moldados, porém, não significa que sejam imutáveis. Não é verdade que nosso jeito de ser não possa ser revisto e modificado depois de adultos ou mesmo já com idade avançada. Desde que o interesse seja genuíno, a mudança de hábitos e do modo de se relacionar é perfeitamente possível. Basta ver a quantidade de pessoas que param de fumar, de beber, de se drogar ou mesmo que conseguem controlar melhor seus sentimentos por compreenderem que é para o seu bem.

• Abuso de drogas é transtorno mental? •

Eu particularmente acredito que o abuso de drogas em si não é um transtorno mental, mas reconheço que faço parte de uma minoria entre os psiquiatras. Pensar assim não significa que eu não considere o abuso de drogas um problema sério. Longe disso. É um hábito nocivo, com muitos riscos em potencial, alguns de natureza psiquiátrica. É incrível que as pessoas que usam drogas ainda pensem que as complicações possíveis (intoxicação patológica, dependência, surto psicótico, dificuldades nos relacionamentos etc.) só aconteçam com os outros.

O abuso de drogas comumente é uma válvula de escape para quem experimenta algum tipo de sofrimento mental e, por outro lado, pode se complicar com o desenvolvimento de um transtorno mental com prejuízo no desempenho estudantil, acadêmico, profissional e social. Em geral, pessoas que abusam de drogas procuram auxílio quando surgem essas complicações (depressão, transtornos de ansiedade, episódios psicóticos, dificuldades de relacionamento).

Quem pode negar a gama de consequências médicas, psiquiátricas e sociais do abuso de drogas? Dentre elas temos psicoses paranoides, depressão, transtornos de ansiedade, contaminação por HIV, crises conjugais, crises familiares, traumas, negligência infantil e suicídio. Mas, repito, essas são complicações. O uso abusivo de drogas, por si só, não é um transtorno mental, e sim um hábito nocivo.

Ao se considerar, como eu faço, o abuso de drogas um hábito nocivo, tanto a responsabilidade pelo comportamento quanto a capacidade de mudança recaem sobre o usuário. O mesmo não se aplica a um transtorno mental. Não depende da vontade da pessoa com depressão, pânico ou esquizofrenia mudar seu humor e seu comportamento. O transtorno mental é algo fora do nosso controle voluntário. Exatamente por isso requer tratamento especializado.

Ao sugerir que a responsabilidade maior para mudar o hábito de consumir drogas é dos usuários não quero dizer que me negue a participar do encaminhamento da questão. Muito menos que essa mudança seja fácil ou que eles não precisem de ajuda. Nem que transtornos mentais sejam problemas sérios e abuso de drogas não. Longe disso. O consumo de drogas é um problema grave e crescente nos dias de hoje, cuja solução, no entanto, não está nas mãos só dos psiquiatras.

• Por que se envenenar? •

Por que as pessoas usam drogas? Para relaxar, se estimular, confraternizar, facilitar a introspecção, expandir a mente, acalmar a mente, dormir, acordar, se desligar do mundo, se religar, melhorar o desempenho sexual, refrear o desejo sexual – por motivos os mais diversos, enfim. E funciona? No início, até que sim, mas o uso recorrente se deve muito à busca de sensação uma vez obtida e que não mais ocorre. Vale a pena? É questionável. O custo-benefício não é compensador. Menos ainda para os azarados que desenvolvem um surto psicótico ou têm um ataque de pânico na primeira ocasião em que se envenenam.

Por trás do uso de drogas está o que as pessoas consideram prejudicial, a avaliação que fazem do risco envolvido. Isso, por sua vez, está (e sempre esteve) vinculado à experiência individual, relatos de casos, valores morais, preferências, circunstâncias e cultura do grupo de que fazem parte. Não é de se estranhar, portanto, que o assunto seja tão polêmico e suscite tantas opiniões diferentes, todas com fundamentações aparentemente válidas. Notem bem: aparentemente.

Muitas das drogas de uso ilícito disponíveis hoje em dia já fizeram parte do arsenal médico (morfina para analgesia; *cannabis* para alívio de constipação intestinal, tosse e cólicas menstruais; cocaína como analgésico/estimulante e ketamina como anestésico). Por que não fazem mais? Pelos efeitos colaterais, pelas alterações de comportamento que provocam, em virtude do potencial para dependência e pelo risco de morte em caso de superdosagem. Se no ambiente controlado da prática médica esses eventos tornaram-se inaceitáveis, o que dizer de seu uso sem restrições?

Um argumento comumente empregado pelo usuário de drogas ilícitas é de que a tolerância às bebidas alcoólicas demonstra que não existe coerência das políticas antidrogas em relação à escala de malefício das diversas substâncias, apenas nuances de hipocrisia. Pode até ser, mas uma distorção não justifica outras. Difícil negar o efeito devastador do uso de drogas na saúde e nos diversos setores da vida da pessoa que desenvolve dependência. E a dura realidade é que não se sabe quem terá problemas desse tipo antes do primeiro contato com drogas. É um erro crasso imaginar que só acontece com os outros.

• Terapia combinada •

Denomina-se terapia combinada a associação de acompanhamento psicológico (psicoterapia) e medicação no tratamento dos transtornos mentais. É considerada a modalidade que proporciona os melhores resultados, partindo-se do princípio de que as duas abordagens são complementares e agem em diferentes dimensões do problema.

A terapia combinada pode ser realizada por um só profissional (no caso, um médico, já que é o único habilitado a prescrever psicotrópicos) ou por psiquiatra e psicólogo/psicanalista trabalhando simultaneamente e em paralelo. Nesse último caso, o que sabidamente mais interfere no resultado do trabalho são a competência e a afinidade entre os profissionais. Quando bem-alinhados, baseados no respeito mútuo e verdadeiramente preocupados com o bem-estar do paciente, é difícil que o tratamento não dê certo, independentemente da orientação teórica.

A imensa maioria dos estudos sobre a eficácia da terapia combinada dos transtornos mentais avalia o resultado de sessões de psicoterapia comportamental, cognitivo-comportamental e interpessoal associadas com farmacoterapia. Isso não significa que só essas modalidades funcionem. É que o formato atual dos ensaios clínicos dificulta a utilização de outras orientações teóricas (psicanalítica, existencial, humanista, entre outras), cuja sistematização para uso padronizado é mais complicada.

Na minha prática clínica cotidiana, a terapia combinada é a regra, mais frequentemente em conjunto com psicólogos de diferentes orientações teóricas do que somente por minha conta. É muito enriquecedora e útil a troca de informações (sempre com consentimento do paciente) e a discussão dos casos. Não há dificuldade em fazê-lo se o foco do trabalho é que se faça o melhor para auxiliar o paciente a enfrentar os problemas que a vida (ou ele próprio) lhe impôs.

• É verdade que a maconha não faz mal? •

A resposta simples é uma só: não, não é verdade. O que ocorre é que em algumas situações a pessoa nega esse fato; em outras está disposta a pagar o preço para obter algum prazer; e em outras mais está tão doente que o risco de dano pela droga não é nem levado em conta.

A resposta a essa pergunta pode ser mais complexa. O modo de uso de cigarros e de maconha é diferente e por isso a comparação não procede. Pode-se afirmar, contudo, que, se fossem consumidos na mesma quantidade, a maconha seria muito mais nociva para a função pulmonar do que o cigarro.

Os órgãos-alvo dessas duas drogas são diferentes. A grande vítima do tabagismo é o pulmão. O da maconha é outro: o cérebro. Isso já nem se questiona - quem o faz está desatualizado. Estudos de neuroimagem e de desempenho cognitivo de adolescentes usuários de maconha mostram claramente que há alterações estruturais (afilamento de substância branca) e prejuízo de atenção e memória em comparação com adolescentes que não utilizam a droga.

• Os transtornos mentais e a percepção de tempo •

A noção de passado, presente e futuro; da sucessão dos acontecimentos e do caráter irreversível do tempo é fundamental para que organizemos nossas vivências. Mantendo-nos no presente, exercitamos o que aprendemos com as experiências passadas e nos preparamos para o porvir. A orientação temporal é uma habilidade complexa frequentemente perturbada nas pessoas com transtornos mentais.

A depressão nos remete a um passado lúgubre, distorcido pela memória sob jugo do humor depressivo, e nele nos mantém presos, estragando o presente (e, consequentemente, o futuro). O sentimento de culpa advindo das recordações desvirtuadas, supervalorizando os "erros" cometidos, transforma a existência num martírio.

Os transtornos de ansiedade voltam nossa atenção para um futuro obscuro, abarrotado de catástrofes, e nele nos mantêm fixados, comprometendo o presente. Como poderia ser diferente se parece que estamos caminhando para um abismo inevitável? A forte convicção de que, no minuto seguinte, amanhã ou no fim do mês, uma grande desgraça acontecerá é muito desorganizadora.

Os transtornos psicóticos desordenam o presente, impregnado que fica pelas distorções da realidade (alterações do pensamento, da percepção e da consciência de si mesmo). Como resultado, o futuro, desviado do seu curso natural, já era. Felizmente, com os recursos terapêuticos disponíveis, essas manifestações podem ser neutralizadas. O maior problema nesses casos é a baixa adesão ao tratamento, já que pessoas com distúrbios desse tipo não reconhecem que estão doentes.

• TOC e soluço •

Existe alguma relação conhecida entre TOC e soluço? Não que eu saiba. Por que, então, esse tópico? Por causa do que uma paciente recentemente me falou. O soluço é um fenômeno reflexo que se manifesta por contração espasmódica e involuntária do diafragma, seguida de distensão e relaxamento desse músculo, que faz com que o pouco ar que entrou no estômago em função da contração seja expulso com ruído característico. Ele em geral é benigno e autolimitado, mas pode se tornar crônico e, nesses casos, bastante comprometedor.

Aprende-se muito com os pacientes, desde que haja interesse em escutá-los e humildade diante de quem melhor conhece o problema que apresenta. Recentemente, uma paciente com TOC fez uma comparação para explicar como se manifestava uma obsessão: “É como um soluço. Surge inesperadamente e foge ao nosso controle”. Gostei da comparação. Uma ideia obsessiva é um “soluço mental”, um fenômeno involuntário inicialmente isolado e que repercute em outras regiões do cérebro, no organismo como um todo (na forma de ansiedade) e no comportamento ritualístico. Por essa analogia, o TOC seria como uma crise de soluços que não passa.

• O que fazer por alguém com um transtorno mental •

Conhece alguém que está com um transtorno mental e gostaria de ajudar? Que bom. Com raras exceções, quem tem um transtorno desse tipo sofre duplamente: com o incômodo causado pelos sintomas e com a incompreensão, inclusive das pessoas mais próximas. Enfrente seus preconceitos, tenha paciência, procure escutar o que a pessoa tem a dizer (isso é muito mais importante do que aconselhar), respeitando-a e aceitando que, nessas circunstâncias, cada um tem um ritmo e uma vivência interior, cuja compreensão é limitada para alguém de fora.

Se quiser mesmo auxiliar alguém com um transtorno mental, comece por se informar sobre o assunto. Dê preferência por fontes confiáveis – sites de serviços de psiquiatria de universidades e de associações de amigos e familiares, por exemplo. Isso facilitará a distinção entre os componentes característicos do transtorno (mais resistentes à mudança) e os que têm a ver com a personalidade da pessoa (que dão o "toque pessoal" ao quadro). Também não deixe de sugerir consulta com um profissional de saúde mental quando perceber que o quadro não está melhorando, o sofrimento é grande e a pessoa não está dando conta sozinha.

Apresentar um transtorno mental é algo profundamente desmoralizante. A pessoa acometida perde a confiança em si e necessita de alguém que acredite nela e a ajude a encontrar maneiras de lidar com as questões básicas do dia a dia até que recupere seu equilíbrio.

O apoio de familiares, cônjuges e amigos é fundamental para que ela busque o tratamento, faça-o corretamente, resgate sua autonomia e recobre a qualidade de vida.

O medo e o estigma dos transtornos mentais inibem conversas sobre o assunto, diferente do que acontece quando os problemas de saúde são outros, abordados com mais naturalidade em conversas corriqueiras. Por essa razão, é muito comum que pessoas com transtornos mentais, mesmo os mais leves, pensem que somente elas têm o problema e não compartilhem suas dúvidas e suas preocupações. Tenha isso em mente se for procurado por alguém, constrangido e envergonhado, procurando conselho ou orientação. Tente facilitar a comunicação; ser acolhedor e, sobretudo, evite banalizar ou subestimar as queixas da pessoa.

• A família •

Quando autorizado pelas pessoas que me procuram, gosto de escutar o relato de familiares sobre o seu problema. A família é a base da sociedade, e o transtorno mental invariavelmente abala suas estruturas.

Alguns colegas questionam se é mesmo válido envolver familiares no tratamento de pacientes com transtornos mentais. Na minha opinião, sim. Sem a menor dúvida.

Além da possibilidade de obtenção de importantes informações a respeito do paciente e do transtorno que ele apresenta, conversar com familiares – de preferência na presença do paciente – permite que se entenda melhor a dinâmica do relacionamento familiar e se conheça um pouco mais algumas crenças do grupo do qual o paciente faz parte. Cito apenas dois pontos que, se não forem devidamente explorados, podem interferir negativamente na adesão ao tratamento e, consequentemente, nos seus resultados: o significado que dão aos sintomas (se confundem desânimo com preguiça e acham que uma crise de ansiedade é frescura, por exemplo) e como encaram o emprego de medicamentos psicotrópicos.

É somente ouvindo os familiares, oferecendo informações e compartilhando decisões que se pode alcançar o efeito terapêutico máximo. Nos casos de risco de suicídio, há a necessidade de internação psiquiátrica; então, o apoio da família bem orientada é fundamental. Pais, irmãos, avós e cônjuges, quando bem-orientados, são aliados poderosos no esforço de recuperação. Do contrário, podem atrapalhar. E muito. Boas intenções mal direcionadas podem ter consequências desastrosas.

• Estigma •

O dicionário *Aurélio* ensina que estigma significa sinal, marca, cicatriz e, em sentido figurado, mancha na reputação ou desonra. Mas o termo tem ainda outro sentido. Uma pessoa pode sofrer estigma, ser estigmatizada, situação em que é desqualificada para aceitação social plena. Racismo, homofobia, sexismo e preconceitos subsidiam atitudes estigmatizantes. Ignorância também. Aliás, essa última é a principal causa no caso de pessoas com transtorno mental.

Uma em cada quatro pessoas sofre de algum tipo de transtorno mental. E também, muito provavelmente, com a incompreensão das pessoas. Esse é um fenômeno transcultural e transgeracional. Não se pode negar, no entanto, que desde meados do século passado houve progresso considerável com relação ao tratamento dispensado às pessoas com transtornos mentais. Mesmo assim, ainda estamos longe do desejável. Afinal, por que a pessoa é tratada com respeito e compaixão quando qualquer órgão de seu corpo adoece, exceto quando o órgão em questão é o cérebro, sítio da mente?

Pessoas com transtorno mental ou que fazem tratamento psiquiátrico são problemáticas, instáveis, dissimuladas e até perigosas. Esses são chavões repetidos pela indústria do entretenimento (filmes, séries televisivas, programas de humor e propagandas), muito mais exceções do que regras. Dos escombros de luta bem-sucedida contra um transtorno mental emerge uma pessoa fortalecida por ter superado seu problema, interessada em manter seu equilíbrio nos diversos setores da vida e competente, desde que lhe seja dada oportunidade.

Até sessenta anos atrás, os obstáculos ao tratamento dos transtornos mentais eram a falta de precisão no diagnóstico; o predomínio de teorias de funcionamento da mente herméticas, redundantes, mal fundamentadas e extravagantes; e a inexistência de procedimentos terapêuticos eficientes. Hoje em dia, o maior impedimento para o alívio de tantas pessoas que sofrem com perturbações mentais (pacientes e familiares) não são as lacunas no conhecimento científico nem a ineficácia dos procedimentos, mas sim o estigma, que ainda permanece, alimentado pela ignorância, e a vergonha.

Na sociedade em que vivemos, a tolerância com diferenças étnicas, religiosas e sexuais aumentou consideravelmente. Contudo, a doença mental – uma condição médica involuntária que afeta uma em cada quatro pessoas – ainda é tida como motivo de vergonha, desonra e constrangimento. Tanto é assim que, por conta do estigma, a procura por assistência médica especializada ainda é adiada tanto quanto possível, mesmo ao custo de agravamento de um transtorno curável ou, no mínimo, controlável, da mesma forma que outras doenças crônicas (hipertensão, diabetes, glaucoma e AIDS, por exemplo).

Nos dias atuais, a maioria dos transtornos mentais pode ser diagnosticada e tratada de maneira comprovadamente eficaz e com melhor resultado do que o obtido no tratamento de algumas outras doenças (hérnia de disco e hipertensão arterial grave, por exemplo). Para combater o estigma da doença mental, no entanto, será preciso também enfrentar outro estigma: o da psiquiatria, por muitos ainda tida como a especialidade médica que trata somente de loucos, doidos, dementes e psicopatas.

O estigma da doença mental não será superado enquanto o público geral não estiver convencido de que a ciência médica compreende a doença mental e dispõe de tratamentos eficazes. Lógico que temos ainda muito a aprender, precisamos de tratamentos mais seguros e estamos distantes da cura dos transtornos mentais, mas isso não diminui a importância e a extensão dos progressos ocorridos na psiquiatria. Com os recursos terapêuticos já disponíveis, a recuperação dos pacientes com transtornos mentais é a regra. São raros os casos em que não se observa melhora substancial.

• Psicofarmacoterapia nos dias de hoje •

A psicofarmacoterapia moderna, o uso de medicamentos mais específicos no tratamento de transtornos mentais bastante limitantes – esquizofrenia, psicose maníaco-depressivo (o nome original do transtorno bipolar) e depressão –, surgiu há pouco mais de cinquenta anos. É incrível o avanço ocorrido em tão pouco tempo.

A psicofarmacoterapia moderna se iniciou com a descoberta acidental de medicamentos com eficácia inquestionável. Procurava-se uma coisa – anestésicos, anti-hipertensivos e tranquilizantes – e, pela perspicácia e pela capacidade de observação de alguns psiquiatras, encontrou-se outra – o primeiro antipsicótico, a clorpromazina, eficaz no tratamento da esquizofrenia; o primeiro estabilizador de humor, o lítio, útil no controle da psicose maníaco-depressiva; e o primeiro antidepressivo, a imipramina.

Os três primeiros psicofármacos – a clorpromazina, o lítio e a imipramina – ainda hoje estão no mercado. Não ficaram ultrapassados apesar da idade. A explicação é simples: eles são muito eficazes. Os novos medicamentos, mais utilizados atualmente, são, no máximo, tão bons quanto eles, mas provocam bem menos efeitos colaterais. A eficácia dos novos medicamentos é parecida com a dos "velhinhos", mas eles são mais bem tolerados.

No acender das luzes da psicofarmacoterapia moderna havia a eficácia inquestionável dos medicamentos hoje considerados clássicos, mas quase nada se sabia sobre o seu mecanismo de ação. A partir dos anos 1970, com o avanço da psicofarmacologia, ele foi sendo desvendado, algo que também contribuiu decisivamente para o entendimento das bases neurobiológicas dos transtornos mentais.

Hoje em dia, o volume de conhecimento sobre os mecanismos de ação dos novos medicamentos é enorme e não para de crescer. Mas nem sempre, ironicamente, as previsões que se faz em cima do que se sabe sobre eles resulta em ganho na terapêutica. Não são poucos os medicamentos sobre os quais se sabia quase tudo, que teriam tudo para ser eficazes com base nesse raciocínio e que não correspondem às expectativas terapêuticas.

O apogeu da interferência da indústria farmacêutica na prática psiquiátrica ficou para trás – se deu nas décadas de 1990 e 2000, mas sua influência ainda é grande. E mais sutil. São muitos os médicos que se atualizam por material distribuído por representantes de laboratórios, em função de limitações de tempo, dificuldades para acesso de trabalhos científicos originais e despreparo para interpretá-los criticamente.

• Bipolaridade •

No fim do século XIX, o psiquiatra alemão Emil Kraepelin (1856-1926) cunhou o termo *psicose maníaco-depressiva* para se referir aos quadros psiquiátricos que, diferentemente da demência precoce (depois renomeada esquizofrenia), se caracterizavam por fases de excitação mental intercaladas com episódios de depressão e tinham evolução mais favorável. Em 1980, seguindo a proposta da Associação Psiquiátrica Americana, esses quadros passaram a ser denominados *transtorno bipolar*. Nessa época (anos 1980), sua ocorrência era de aproximadamente um caso em cada 100-200 pessoas adultas.

Nas últimas décadas muito se avançou no aprimoramento diagnóstico e terapêutico em psiquiatria. No decorrer desse processo, o conceito de transtorno bipolar foi expandido, de modo a abranger os casos mais leves e os atípicos. Com essa flexibilização do diagnóstico, a ocorrência passou para algo em torno de um caso em cada cinquenta pessoas adultas. Alguns estudos sugerem, inclusive, frequência ainda maior (um caso em cada 15 pessoas), a meu ver um claro exagero.

Com a banalização do diagnóstico de transtorno bipolar, mais e mais pessoas chegam ao consultório falando, com a maior naturalidade, que são bipolares ou que "têm bipolaridade", apegando-se a essa ideia como a explicação para toda espécie de dificuldade que enfrentam. Na maior parte desses casos, o diagnóstico é outro – transtorno de ansiedade, abuso de drogas, depressão, reação de ajustamento e, muitas vezes, normalidade pura e simples). Isso porque, nós, seres humanos, somos naturalmente "multipolares", ou seja, oscilamos entre alegria e tristeza, mas também entre momentos de raiva, ressentimento, culpa, inveja, orgulho, asco, paixão e muitos outros mais.

• O que significa cura em depressão? •

Muito interessantes e informativos os resultados de estudo belga publicado no *Journal of Affective Disorders*, em 2015,[1] sobre o que significa estar curado de uma depressão para os pacientes e para os seus médicos. Enquanto para os médicos o mais importante é o retorno à funcionalidade e a eliminação dos sintomas (tristeza, desinteresse, desânimo e ideias de morte), para os pacientes o que realmente importa é a recuperação da atitude mental positiva (otimismo, vigor e autoconfiança) e o retorno à sua normalidade (sentir-se como antes de ter o transtorno). Além disso, a eficiência do tratamento é maior quando o paciente e o médico pensam de maneira parecida. Daí a importância de se conversar sobre as metas do tratamento.

1 Demyttenaere, K. et al. *What is important in being cured from depression*? Discordance between physicians and patients.

• Temperamento e caráter •

Temperamento e caráter é o título de um capítulo de *Shinsetsu: o poder da gentileza* (2018), livro de Clóvis de Barros Filho. O educador discorre, de forma descontraída e até divertida – mas não por isso menos séria –, sobre ética, moral e, como o título explicita, "shinsetsu", a preocupação com o outro, com fazer por ele o que for possível, sem expectativa de reconhecimento ou retorno.

Não é raro que temperamento e caráter sejam termos que se confundam, apesar de serem coisas muito diferentes. O primeiro é inato, um patrimônio exclusivo que já é nosso ao nascer. Depende da natureza particular de cada um, do jeito muito próprio de agir, reagir, sentir o mundo e pensar. O segundo, em contrapartida, tem a ver com vontade; com o modo como decidimos levar a vida.

Temperamento e caráter são coisas distintas. O temperamento é inato, enquanto o caráter está vinculado à vontade, ao que queremos para nossas vidas, aos limites que impomos à nossa conduta, respeitando valores e princípios. Caráter nada tem a ver com o que a natureza fez de nós, mas, sim, com a marca que cada um de nós quer imprimir à própria existência. Caráter é vontade sustentada e continuada.

• Conversa com terceiros •

A ética médica recomenda que se faça o que é para o bem do paciente. Nesse sentido, conversar com familiares, sempre resguardando o sigilo das conversas a sós com o paciente e, de preferência, na presença dele, é quase sempre válido. Quando bem-intencionados, os familiares podem ser grandes aliados no processo de recuperação de um doente. Quem melhor do que pessoas que convivem com ele para informar o médico sobre seu comportamento e suas atitudes?

Na prática psiquiátrica atual, somente profissionais muito apegados ao modelo psicanalítico tradicional excluem parentes e familiares das consultas e do acompanhamento. Eu comumente digo para o paciente trazer um acompanhante se ele assim o quiser e sempre que julgo necessário – quando preciso de mais informações ou considero que seria importante orientar como lidar com ele, por exemplo. Não me recuso a conversar com familiares, desde que o paciente esteja de acordo e que seja para o bem dele.

É importante para o médico saber se os familiares são potenciais aliados, pessoas legitimamente preocupadas com o bem-estar do paciente, ou se têm agenda própria, que poderia atrapalhar na recuperação dele. Às vezes acontece de parentes estarem mais interessados em interdição, internamento e até mesmo na herança do paciente do que na sua melhora.

• Droga! •

"Se fosse bom, não teria esse nome", disse, exaltada, dona Helena para o filho adolescente. O assunto surgiu enquanto assistiam na televisão a um programa de entrevistas que abordava o tema. "Remédio também é droga, mãe!", retrucou o garoto. Pronto. Estava iniciada mais uma discussão que prometia terminar em nada, como acontece tão frequentemente. O uso de drogas psicotrópicas é um fenômeno complexo. Na sequência tentarei separar alhos de bugalhos, tarefa essencial para o aprofundamento nesta questão tanto atual quanto perene.

As drogas psicotrópicas, cujo efeito é alterar o funcionamento mental, podem ser divididas, didaticamente, em três grupos: lícitas (socialmente aceitas), medicamentos e ilícitas (proibidas). Todas fazem parte do nosso cotidiano e a proibição ou a aprovação de algumas varia conforme a época e o grupo social. Não há como exagerar a importância atual do abuso e da dependência de drogas, cujas consequências econômicas, sociais, políticas e para a saúde afetam multidões e comprometem até o destino de nações.

Quando tomamos um copo de bebida alcóolica, estamos ingerindo uma droga ansiolítica – o álcool etílico. O chá-mate, o café, os refrigerantes à base de cola, o guaraná e os energéticos contêm cafeína, um psicoestimulante. A nicotina, outro psicoestimulante, é absorvida quando a pessoa fuma. Esses são exemplos de drogas lícitas. Nem por isso são inocentes: álcool e nicotina podem causar dependência e casos de problemas hepáticos, câncer de pulmão e problemas respiratórios, que são um problema de saúde pública mundial.

Os medicamentos, não só os psiquiátricos como também alguns analgésicos e hormônios, são drogas psicotrópicas, mas se diferenciam das outras duas categorias pelo valor terapêutico comprovado, controle de qualidade na fabricação, grau de pureza, exatidão da dosagem e indicações médicas precisas e regulamentadas. Antidepressivos, antipsicóticos e estabilizadores do humor sabidamente não causam dependência. Os benzodiazepínicos ansiolíticos e hipnóticos até podem causar síndrome de dependência, mas é muito raro que ela ocorra quando seu uso é feito de acordo com a prescrição médica.

A maconha, os diversos tipos de ecstasy (denominados "bala"), a cocaína nas suas duas versões (pó e crack) e o LSD (popularmente chamado de "doce"), nessa ordem, são as drogas ilícitas mais consumidas no Brasil. Seu uso varia de região para região, conforme a idade e o ambiente social. Por mais que seu efeito seja inicialmente agradável – se não fosse bom, não haveria uso repetido e abuso –, é difícil acreditar que uma pessoa bem-informada coloque em risco sua saúde e mesmo a sua vida por conta de sensações fugazes e passageiras que a distanciam do seu verdadeiro eu.

Não são poucas as evidências de que o uso de maconha pode favorecer o desencadeamento de psicoses como a esquizofrenia em pessoas com predisposição genética. E não é possível saber quem tem essa vulnerabilidade. Certamente, a imensa maioria dos jovens que experimentam essa droga não têm ciência desse fato. Ou, pior, têm e não acreditam que possa acontecer com eles. Eu já vi, trato de casos assim, e posso lhes assegurar que são mais frequentes do que se pensa.

A cocaína vicia. Houve um tempo em que eu pensava que algumas (poucas) pessoas conseguiam usar cocaína sem desenvolver dependência; apenas de vez em quando. Tinha essa ideia com base em histórias de conhecidos que tinham esse padrão de uso recreativo e uma vida social e profissional bem-sucedida. Não penso mais assim. Mais cedo ou mais tarde, das duas uma: ou a pessoa se livra do hábito por compreender que ele não é compatível com uma vida saudável e com responsabilidades (casamento, filhos, trabalho) ou se torna dependente e inicia sua decadência, que poderá ou não ser revertida.

O crack é a cocaína preparada para inalação mediante o aquecimento das pedras. Por isso o uso do "cachimbo" ou de dispositivos semelhantes. Nessa apresentação, cujo consumo faz com que altos níveis da substância cheguem aos neurônios muito rapidamente, o risco de dependência é muito maior e a luta para a desintoxicação e a manutenção de abstinência, muito mais difícil e sofrida. Tenho pacientes que conseguiram se livrar desse vício mortal. Infelizmente foram poucos.

O tráfico internacional não é tão valorizado quando se fala dos problemas relacionados ao consumo de drogas ilícitas. Mesmo estando em extremos opostos, ambos fazem parte da mesma teia de acontecimentos interligados em diferentes níveis. Em *Bogotá* (2011), Criolo, cantor e compositor paulistano, fala do contrabando de drogas e armas que beneficia alguns poucos e faz tantas vítimas.

Quando o estado de intoxicação pela droga passa despercebido por pessoas próximas, o usuário acredita que tem controle sobre ela. Pura ilusão. Não vai durar muito tempo para que se descubra quem manda. Com o uso continuado, inevitavelmente, os efeitos da droga predominam. É só questão de tempo.

• Mais sobre a esquizofrenia •

A esquizofrenia é um transtorno mental que se caracteriza pela ruptura com a realidade por meio de alterações da percepção (alucinações), do pensamento (delírios), do afeto (inapropriado ou embotado) e da consciência do eu (impressão de que sentimentos, pensamentos e ações são controladas ou acessíveis pelas outras pessoas), com consequentes alterações do comportamento (desconfiança, agressividade, isolamento social, maneirismos e outras bizarrices).

Ao compararmos as formas de tratamento atuais – medicamentos, psicoterapias individuais, orientação familiar, terapia ocupacional – com as passadas, vê-se claramente como elas se multiplicaram, são mais eficientes e têm base científica mais sólida. Tanto que hoje se almeja completa remissão sintomatológica e retomada da vida em sociedade com o tratamento. Mesmo assim, entretanto, alguns fatos clínicos permanecem inalterados.

Alguns autores clássicos se referem ao impacto do primeiro episódio esquizofrênico como uma "ruptura biográfica", no sentido de que a pessoa não mais será a mesma depois dele, mesmo que se obtenha remissão total dos sintomas. Isso porque a experiência – sintomas psicóticos perturbadores e hospitalização (muitas vezes necessária) – é muito ansiogênica e traumática. Além disso, outros fenômenos psicológicos e sociais colaboram para o sentimento crônico de transformação irreversível que o paciente experimenta.

À medida que se compreende melhor a neurobiologia, a fenomenologia e o significado das vivências psicóticas, por um lado, e se dispõe de medicamentos mais potentes, específicos e seguros, por outro, o prognóstico dos pacientes com esquizofrenia melhora consideravelmente. Hoje em dia é muito mais exceção do que regra que alguém com esse transtorno mental fique mais do que trinta dias hospitalizado. Além disso, reinserção social e profissional ocorrem na maioria dos casos tratados adequadamente.

• Pais e filhos •

É difícil ver o sofrimento impotente dos pais diante de perturbações causadas por transtorno mental do filho ou da filha; o desespero que às vezes os domina ao imaginar – ou pior, ao constatar – que o tempo está passando e o problema não está sendo resolvido. Haja preparo para acolhê-los e orientá-los. Nessas situações, ou a solidariedade é sincera ou a interação do médico não passará de um teatro.

Filhos de pessoas com transtornos mentais sofrem demais enquanto não se faz um diagnóstico correto do que se passa com seus pais. Isso porque o tratamento só dará algum resultado se e quando o diagnóstico for acertado. Por um lado, é muito gratificante ver como ficam felizes à medida que os "velhos" melhoram. Por outro, é penoso e triste acompanhar o processo de distanciamento da realidade que acompanha alguns quadros geriátricos.

Na minha prática clínica, aprendi a admirar a resiliência das pessoas que padecem de transtornos mentais, a abnegação de pais e o cuidado de filhos para com seus parentes doentes. Ainda me choco, porém, com a frieza com que alguns pais e filhos tratam seus respectivos filhos e pais adoentados; com o pouco caso, a frieza e a falta de respeito com que se dirigem a eles.

• Burnout e depressão •

Alguns especialistas questionam se o que se chama de "burnout" (síndrome de esgotamento profissional) não seria a expressão de depressão. De fato, os sintomas típicos do *burnout* também ocorrem no transtorno depressivo: abatimento, desmotivação e diminuição do desempenho. Entretanto, no *burnout* as questões são especificamente relacionadas ao trabalho enquanto na depressão elas são mais abrangentes, envolvendo também família e vida social. Além disso, a depressão tem outros sintomas característicos: tristeza profunda, baixa autoestima, desesperança e ideias de suicídio.

É importante a diferenciação de *burnout* e depressão. Os sintomas de ambos podem ser semelhantes, mas o encaminhamento terapêutico é bastante diferente. Pessoas exauridas pelo trabalho se beneficiam de férias e repouso. Já nos casos de depressão uma viagem dos sonhos durante férias forçadas pode se transformar num pesadelo. Também vale lembrar que antidepressivos não são tão eficazes nos casos de esgotamento profissional. Pelo contrário, podem até ser prejudiciais.

• Mania e manias •

Denomina-se fase de mania o período de excitação do transtorno bipolar, tão falado atualmente. Quando não tratada pode durar mais de quatro semanas e ter consequências muito graves, decorrentes da impulsividade, da perturbação do juízo crítico e do comportamento desregrado – dívidas, constrangimentos diversos, relacionamentos desfeitos e doenças sexualmente transmissíveis, por exemplo. É a ocorrência da mania que valida o diagnóstico do transtorno bipolar clássico, e não as simples oscilações de humor em curto período de tempo.

As obsessões características do transtorno obsessivo-compulsivo (TOC) causam muita ansiedade. São ideias fixas, dúvidas ou imagens mentais indesejáveis em geral relacionadas com contaminação, morte, doença, pornografia ou temas pecaminosos para a pessoa. Para aliviar o desconforto provocado pelas obsessões, a pessoa desenvolve rituais compulsivos – de limpeza, verificação, acumulação e arrumação, por exemplo, que são chamados de "manias" pelas pessoas leigas.

• A ocorrência de transtornos mentais •

Os transtornos mentais de ocorrência mais comum na população são as diversas formas de depressão, os transtornos de ansiedade, as reações de ajustamento, as perturbações do sono e os quadros relacionados ao abuso de álcool e drogas. Se considerarmos todos eles juntos, estima-se que uma em cada quatro pessoas apresentam problemas desse tipo. Já os transtornos mentais mais graves são menos frequentes: esquizofrenia (1 caso em cada 100 pessoas), transtorno obsessivo-compulsivo (1 caso em cada 30 pessoas) e transtorno bipolar clássico (1 caso em cada 25 pessoas).

Existem dois transtornos mentais com pico de ocorrência em determinadas faixas de idade. Um deles é o transtorno de déficit de atenção e hiperatividade (TDAH) em crianças com até 7 anos (3% a 7%, dependendo dos autores), que continua a perturbar na idade adulta em pequena parcela de casos. O outro é a doença de Alzheimer (e as outras demências), cuja ocorrência é de 2% das pessoas acima de 60 anos e aumenta com o avançar da idade, podendo chegar a 30% das pessoas com 90 anos ou mais.

A frequência de ocorrência dos transtornos mentais é razoavelmente bem conhecida. Se houvesse uma epidemia, um aumento alarmante do número de casos de qualquer um deles, nós saberíamos. E, de fato, isso não aconteceu. A verdadeira epidemia é de pais achando que os filhos têm TDAH e de adolescentes dizendo que estão com TDAH, incapazes de compreender que os hábitos de vida desregrados e o desejo de desempenhar muitas atividades a um só tempo são a causa de seus lapsos de atenção. Há também outra epidemia: a de adultos de meia-idade e de idosos com medo de estarem com a doença de Alzheimer.

Nem as chamadas "doenças do século XX" – depressão e transtornos de ansiedade – apresentaram alteração de frequência que fosse realmente alarmante. Sendo assim, não custa repetir: não há epidemia alguma de transtornos mentais; suas frequências de ocorrência têm se mantido estáveis ao longo do tempo e, consequentemente, não há razão para pânico. Em caso de dúvidas sobre esse assunto, ninguém melhor do que um profissional de saúde mental para esclarecê-las.

• Psicoterapia •

A psicoterapia é uma modalidade de tratamento que se baseia na interação entre profissional habilitado (terapeuta) e pessoa que o procura em busca de ajuda (cliente ou paciente, dependendo da técnica) e que se vale da palavra e da fala estruturada para explorar o que lhe causa sofrimento e promover entendimento que proporcione alívio. Em geral é realizada por psicólogo ou psiquiatra.

Hoje em dia existem muitas formas de psicoterapia. Todas têm duas características em comum: 1) a necessidade de se criar e manter um relacionamento profissional fundamentado em confiança mútua que possibilite a exploração do problema do paciente; e 2) a crença de que as experiências (passadas e presentes) do paciente importam.

Qual é o papel da psicoterapia na prática psiquiátrica? Seria ela apenas uma opção de tratamento entre tantas outras ou um componente essencial de toda e qualquer abordagem terapêutica de transtornos mentais e de comportamento? Eu fico com a segunda alternativa, mas entendo que sua importância e nível de sofisticação variem de caso para caso, indo desde a simples orientação sobre o problema e seus tratamentos até o emprego de técnicas mais específicas.

Sigmund Freud (1856-1939), neurologista austríaco, fundador da psicanálise, em palestra sobre psicoterapia na Faculdade de Medicina de Viena, em 1904, disse que "Nós, médicos, praticamos constantemente a psicoterapia, mesmo que não o saibamos nem tenhamos essa intenção". Ele não poderia ter sido mais acertado na sua colocação. Mesmo que o médico não pretenda, ele sempre faz uma intervenção psicoterápica. Se ele tiver consciência e domínio de alguma técnica, o aproveitamento será maior e o risco de provocar algum dano psicológico ao paciente será menor.

Sou um psiquiatra experiente, das antigas, e acredito que a psicoterapia seja central para a prática psiquiátrica e não uma abordagem opcional, que possa ser utilizada de vez em quando. Duvido que o tratamento adequado de um transtorno mental seja bem-sucedido sem que os temores, as preocupações, as inseguranças, os objetivos e as aspirações do paciente sejam explorados. E isso só é possível pela psicoterapia.

Se quiser ter uma boa ideia de como se dá o processo psicoterápico, dos assuntos que se discute em sessões de psicoterapia e de por que mecanismos ela atua, não deixe de ler os livros de Irvin Yalom, psiquiatra, psicoterapeuta e escritor. Ele escreve muito bem e é autor de vários contos baseados em pacientes que atendeu em psicoterapia.

• Pensamento abstrato •

Alguns quadros psiquiátricos – demências e esquizofrenia, por exemplo – cursam com prejuízo do pensamento abstrato, ou seja, da capacidade de trabalhar com conceitos, ideias e representações mentais. Outros se caracterizam justamente porque não há prejuízo dessa função. Uma das maneiras de se testar o pensamento abstrato é pedir para o paciente explicar diferenças e semelhanças entre coisas distintas.

O residente que eu supervisionava estava em dúvida se aquele paciente, um senhor idoso, estava iniciando um quadro demencial ou deprimido. Em dado momento do exame do estado mental, ele perguntou: "O sr. saberia me dizer a semelhança entre um cachorro e um cavalo? E as diferenças?"; "O sr. sabe a diferença entre um carro e um trator? E em que eles são parecidos?".

As respostas foram vagas, mas, a meu ver, mais por desinteresse do que por algum comprometimento do pensamento abstrato. Ao perceber o jovem médico pensativo, meio sem saber o que fazer com as informações que lhe dera, o paciente teve uma iniciativa: "Agora é a minha vez de fazer uma pergunta", disse. "O sr. sabe a diferença entre a cortina e o papel higiênico?", continuou. Pego de surpresa, meio sem jeito, o residente respondeu: "Acho que não". "Então me avise quando for me visitar para que eu retire as cortinas da casa", respondeu o senhorzinho, com sorriso maroto.

Não há como identificar o(s) problema(s) de um paciente com base apenas em uma ou duas perguntas. Mesmo um ponto específico como o pensamento abstrato exige mais do isso. O raciocínio diagnóstico é subsidiado pelo conjunto de informações obtidas ao longo de uma consulta. Exatamente por essa razão, a chance de se realizar diagnóstico correto é muito pequena se ela for rápida e superficial. Na verdade, uma consulta assim será tempo perdido e provavelmente redundará em perpetuação do sofrimento do paciente.

• A consulta com o psiquiatra •

"Está achando que estou louco/louca? Vai você se consultar com um."

Essa ainda é a reação mais comum de alguém que recebe a sugestão de se consultar com um psiquiatra. É o reflexo de outros tempos, em que, de fato, cabia aos psiquiatras o atendimento somente de pessoas com transtornos mentais graves e incapacitantes. Isso mudou consideravelmente. A imensa maioria das pessoas que frequentam um consultório de psiquiatria hoje em dia está com depressão, transtornos de ansiedade ou dificuldades de relacionamento. É verdade que um bom psiquiatra cuida também de casos bem mais graves, mas eles são mais a exceção do que a regra.

A consulta psiquiátrica consiste quase que exclusivamente em uma conversa. O contato físico é mínimo, já que em geral o psiquiatra não realiza exame físico, pois se preocupa muito mais em investigar o estado mental da pessoa. Embora o psiquiatra faça uma entrevista minuciosa cobrindo a vida do paciente como um todo, não é incomum que a pessoa resuma o primeiro encontro de 45 a 60 minutos, durante o qual uma história abrangente foi coletada, como "só um bate-papo". Ainda não estou bem certo se isso seria ou não um elogio.

É importante contar o que está acontecendo para o psiquiatra do seu modo e do jeito que conseguir, fazendo analogias ou comparações. Um bom profissional vai estimulá-lo a fazê-lo, pois é o que lhe dará uma indicação do que importa para você e o sentido que você está dando para o que está acontecendo. Depois disso, o psiquiatra certamente vai fazer perguntas para compreender melhor o que se passa, esclarecer detalhes que não lhe ficaram claros e ordenar a sequência dos acontecimentos.

Os antecedentes familiares e pessoais são centrais nas primeiras consultas com o psiquiatra. Uma avaliação psiquiátrica decente busca o entendimento das experiências do paciente e o sentido que ele lhes deu. Também os antecedentes médicos e psiquiátricos são sempre bastante explorados. O detalhamento da história passada é fundamental para a compreensão do problema presente, que é o que realmente interessa, já que dele depende a condução terapêutica do caso.

O psiquiatra é o profissional mais competente para receitar um psicofármaco; um medicamento para controle e alívio dos sintomas dos transtornos mentais. É um erro supor, porém, que sempre se sai de uma consulta psiquiátrica com uma receita de medicamento na mão. Isso porque é parte do trabalho do psiquiatra saber quando uma medicação *não está* indicada ou mesmo quando seria errado prescrevê-la. Um exemplo? Antidepressivos para "tratar" uma reação de luto pelo falecimento de um ente querido.

Faz parte da boa prática clínica o psiquiatra compartilhar com o paciente, em linguagem acessível, o diagnóstico do problema dele antes de propor e discutir algum tratamento. É direito do paciente saber o que o médico está pensando, receber orientação sobre o problema e as alternativas de tratamento disponíveis para que participe da tomada de decisões minimamente informado. Caso surja um impasse, o Código de Ética Médica recomenda que seja solicitada segunda opinião sobre o caso.

O encaminhamento após o término da primeira consulta pode variar muito. A pessoa pode, por exemplo, ser referida de volta ao profissional que solicitou a avaliação psiquiátrica e não mais ter contato com o psiquiatra. Na maior parte das vezes, no entanto, o psiquiatra provavelmente proporá um tratamento e pedirá que se retorne a intervalos semanais, quinzenais ou mensais, durante o início do seguimento. Depois, se tudo correr bem, a pessoa terá alta ou, se necessitar de tratamento de manutenção, voltará em intervalos maiores. Também pode acontecer de ela ser encaminhada para outra modalidade de tratamento, complementar, como alguma psicoterapia.

Hoje em dia o encaminhamento para uma internação é bastante raro a partir de uma consulta psiquiátrica. Na verdade, a internação só está indicada nos casos em que a pessoa está tão perturbada que necessite de observação médica intensiva e cuidados de enfermagem em tempo integral. Alguns exemplos de indicação segura de hospitalização? Quando a pessoa está agressiva, fora de si por conta do transtorno mental, violenta, em crise suicida ou com sintomas de dependência de álcool ou drogas.

MEDICINA

• Feliz de quem tem sintoma •

Em Medicina, sintoma é a queixa subjetiva relatada pelo paciente, a maneira como ele relata um incômodo que está sentindo e que não é visível aos olhos dos outros. Faz contraponto ao sinal, fenômeno aparente e facilmente identificável. Um exemplo de sintoma é a dor de cabeça. Um sinal clássico é a febre. É com base na história de surgimento e evolução dos sintomas e na compilação dos sinais que se faz o raciocínio clínico e o diagnóstico na prática médica.

Quando se trata de reações emocionais normais, principalmente as mais leves, são poucos os sinais. O grosso se dá como vivência interna – sentimentos, pensamentos, sensações –, nem sempre fácil de descrever. A ansiedade, por exemplo, tem muitos sintomas (sensação de estar no limite, à beira de um ataque de nervos, de que se vai desmaiar, com uma bola na garganta, aperto no peito, pressão na cabeça e palpitações, entre outros) e, proporcionalmente, poucos sinais (tremorzinho nas mãos, pequeno aumento da pressão arterial e discreta taquicardia).

Feliz da pessoa que tem sintoma porque é ele que vai motivá-la, pelo desconforto que representa, a fazer algo quanto ao que está sentindo: buscar uma explicação para o que se passa e, quando julgar necessário, procurar algum tipo de ajuda. É fato conhecido dos médicos que as doenças silenciosas, as que não provocam nem sintomas nem sinais, são as mais perigosas, pois passam despercebidas. O mesmo se dá quando não se percebe (ou não se valoriza) os sintomas de algumas emoções.

• Afinal, qual é o problema? •

Em Medicina, como na vida, aliás, a correta identificação do problema é fundamental para seu encaminhamento. O tratamento adequado só é possível se o diagnóstico for acertado. Na prática psiquiátrica, além do reconhecimento de um transtorno mental, há outro desafio: diagnosticar quando ele não está presente. Muitas reações emocionais normais e autolimitadas, como também traços de personalidade, lembram transtornos mentais, mas não o são e não devem ser medicados.

O diagnóstico em Psiquiatria baseia-se em cinco parâmetros: quadro clínico (sintomas), história familiar (risco genético), curso (idade de início, número de episódios e evolução do transtorno), marcadores biológicos (inexistentes até o momento; utilizados mais para se excluir outras doenças) e resposta a tratamentos. Essas informações são fundamentais para que se faça a correta formulação diagnóstica. Por isso, antes de uma primeira consulta, organize-se. Eu, por exemplo, não me incomodo em absoluto quando o paciente leva uma "cola" com todos esses dados.

Medicina não é uma ciência exata. As doenças não são simplesmente listas de sintomas, mas, sim, entidades fugidias, multifacetadas e que ganham contornos diferentes dependendo do temperamento e da constituição das pessoas que acometem. Por isso, como escreveu o professor Protásio da Luz, Titular de Cardiologia do INCOR, em *Nem só de ciência se faz a cura* (2004), não é incomum que médicos vejam os mesmos pacientes em fases evolutivas diferentes da doença. Num certo momento, um diagnóstico pode não ser claro; dias depois, a doença evolui, as manifestações frustras tornam-se evidentes e o diagnóstico, simples.

• Adesão •

Adesão, em Medicina, se refere ao quanto o paciente segue corretamente as orientações de seu médico. As falhas de adesão são as maiores responsáveis pelo insucesso terapêutico e pelo surgimento de esquemas medicamentosos complexos, pelo fato de o médico erroneamente pensar que o tratamento não está funcionando – quando na verdade o paciente simplesmente não está seguindo sua prescrição – e associar mais remédios em busca do controle da doença.

Lembro-me de um caso emblemático da minha prática clínica. Encaminhei para internação uma paciente com depressão grave que não estava respondendo ao tratamento, apesar de ela e os familiares me garantirem que tomava os medicamentos "direitinho". No relatório médico, descrevi o esquema terapêutico que ela utilizava. Quando, no hospital, lhe deram a medicação conforme minha prescrição, ela apresentou intensos efeitos colaterais que nunca havia apresentado antes. Portanto, ela não estava tomando os medicamentos. Por isso os "tolerava tão bem", mas não melhorava.

Hipócrates (460 a.C.-370 a.C.), uma das figuras mais importantes da história da Medicina, recomendou no item XIV do seu *Decorum*, texto com códigos de comportamento para o médico, que ele "se mantivesse atento às falhas do paciente, que muitas vezes mentem sobre estar tomando o que lhe foi prescrito". Sabia das coisas o grande médico grego.

• Tratamento medicamentoso •

As medicações utilizadas no tratamento dos transtornos mentais – antidepressivos, estimulantes, ansiolíticos, antipsicóticos e estabilizadores do humor – possuem eficácia comprovada quando utilizados adequadamente. O psiquiatra é o médico treinado para prescrevê-los, baseado em diagnóstico preciso, com o devido critério e atento às interações com outros medicamentos.

O consumo de antidepressivos e antipsicóticos tem aumentado exponencialmente nas últimas décadas. Ao mesmo tempo, estudos epidemiológicos revelam que em torno de 50% das pessoas com transtornos mentais *não* recebem tratamento medicamentoso. Como é possível esse paradoxo? Simples. Tem muita gente tomando esses remédios sem necessidade, sem indicação correta ou por sugestão de parentes ou amigos.

Continua muito atual a afirmação de Oliver Wendell Holmes (1809-1894), médico renomado e escritor americano, feita em conferência na *Massachusetts Medical Society*, em 1861: "Pela lei, uma pessoa deve ser presumida inocente até que sua culpa seja provada. Um remédio deve sempre ser presumido nocivo".

O bom médico sempre leva em conta que um medicamento pode causar danos quando faz uma prescrição. E o paciente não deve tomar medicamentos por conta própria e que não sejam comprovadamente seguros e efetivos pelos padrões atuais de pesquisa médica e farmacêutica.

• Polifarmacoterapia •

Denomina-se polifarmacoterapia o uso concomitante de mais de dois medicamentos para o tratamento de uma doença ou um transtorno. Quando intencional, é uma abordagem terapêutica com sentido prático e alguma fundamentação teórica. É o caso, por exemplo, quando se utiliza três anti-hipertensivos para o controle de hipertensão arterial grave; vários antiarrítmicos para combater uma arritmia cardíaca rebelde; ou da combinação de hipoglicemiantes orais e insulina para controle de diabetes.

A polifarmacoterapia pode também ser fortuita, ou seja, resultante do uso de vários medicamentos para fins diversos no mesmo período de tempo, mas sem o objetivo de que eles se complementem de alguma maneira. Isso ocorre muito frequentemente. Quem nunca tomou remédios de uso contínuo concomitantemente com analgésicos, descongestionantes, antibióticos, anti-inflamatórios ou suplementos vitamínicos?

Quer seja intencional ou quer seja ocasional, o uso concomitante de medicamentos, mesmo dos ditos "naturais", sempre implica interações. Não há como escapar delas. Às vezes, elas são desejáveis, quando um medicamento complementa o efeito do outro, por exemplo. Em algumas ocasiões, no entanto, podem ser nocivas. É o caso em que um deles aumenta o nível plasmático do outro a ponto de causar uma intoxicação.

Muitas interações entre medicamentos são descobertas após sua comercialização, quando acontece de serem utilizados conjuntamente. Eis aí uma área da farmacoterapia que não tem como ser explorada antecipadamente de modo sistemático. Algumas interações são previsíveis pelo conhecimento que se tem de farmacocinética e farmacodinâmica, mas sobram descobertas inesperadas.

Um exemplo bem conhecido de interação problemática entre medicamentos é o da carbamazepina, um anticonvulsivante e estabilizador do humor, com anticoncepcionais. Pelo mecanismo de indução do metabolismo hepático, a carbamazepina diminui os níveis dos anticoncepcionais que, com isso, perdem a eficácia. O mesmo fenômeno se dá com a progesterona, utilizada nas terapêuticas de reposição hormonal, quando utilizada conjuntamente com a carbamazepina.

Há poucos anos se evidenciou uma interação até então desconhecida entre a paroxetina, um antidepressivo, e a pravastatina, muito utilizada no tratamento de colesterol alto. Isoladamente, nenhum deles interfere com os níveis de glicose circulante. Quando usados em conjunto, no entanto, podem causar aumento de 20 mg/dL na glicemia de indivíduos saudáveis. Em quem tem diabetes, o aumento pode chegar a 60 mg/dL.

Pelo risco de interações medicamentosas, não deixe de consultar seu médico quando tiver de tomar mais de uma medicação de uma vez. Ele é o profissional mais preparado para esclarecer suas dúvidas. Por meio de livros, boletins de farmacovigilância e aplicativos específicos procuramos nos manter atualizados quanto às interações medicamentosas, tanto as que já foram descritas – mesmo as que envolvem medicações novas – quanto as que teoricamente podem acontecer.

• O sétimo sentido •

Visão, olfato, audição, paladar e tato são nossos cinco sentidos, reconhecidos e estudados há tempos; e dos quais ouvimos falar desde o ensino fundamental como recursos que nos permitem obter informações do mundo exterior. O sexto é a consciência corporal, o sentido que informa o cérebro sobre a posição e o movimento das partes do corpo, formalmente chamado propriocepção. Você sabia que temos mais um? Pois é. Nosso sétimo sentido é o sistema imunológico.

Por décadas os livros de anatomia ensinaram que os dois sistemas corporais mais complexos – o sistema nervoso central e o sistema imunológico – conviviam quase que em completo isolamento um do outro. Hoje se sabe que ambos estão intimamente relacionados e que o nosso sistema imunológico informa o cérebro sobre a presença de micro-organismos no corpo e à sua volta, da mesma forma que os olhos enviam informações visuais e os ouvidos transmitem sinais auditivos.

Evidências científicas muito robustas indicam que o sistema imunológico e o sistema mente-cérebro interagem rotineiramente e muito mais do que se pensava, tanto em condição de boa saúde quanto de doença. Além da defesa do nosso organismo, o sistema imunológico auxilia o conjunto mente-cérebro a lidar com o estresse e participa de funções cerebrais essenciais como aprendizado e comportamento social.

• Burnout •

Muito se tem falado do *burnout* ou "síndrome do esgotamento profissional". O termo deriva de burn = queimar e out = para fora, e significa algo como "queimar por completo". Ele foi cunhado pelo psicólogo estadunidense Herbert Freudenberger (1926-1999) para se referir ao estado de exaustão física e mental causado pelo envolvimento excessivo com a atividade profissional. A pesquisa original, de 1974, foi feita com médicos, enfermeiros, voluntários e cuidadores que trabalhavam em unidades básicas de saúde e comunidades terapêuticas. Atualmente, ele é utilizado para se referir às consequências do estresse profissional grave em qualquer ramo de atividade.

Apesar de ainda não haver consenso sobre a definição e a validade do diagnóstico de *burnout*, aceita-se que seu quadro clínico engloba três grupos de sintomas: 1) Exaustão (esgotamento físico e mental, sensação de incapacidade e cansaço); 2) Alienação das atividades profissionais (distanciamento de colegas e clientes, frustração, impessoalidade e embotamento afetivo); e 3) Prejuízo do desempenho profissional (desinteresse, dificuldade de concentração, diminuição da criatividade e da produtividade). O comprometimento que ele ocasiona pode ser bem sério, inclusive com sintomas físicos, notadamente gástricos e intestinais.

• O médico e o paciente •

A palavra "paciente refere-se ao doente, à pessoa que necessita de atendimento médico, e se origina do latim "patior" = aquele que sofre. Nada tem a ver com "aquele que espera com paciência, resignado ou conformado" ou ainda com "o que espera passivamente" - sentidos erroneamente difundidos, inclusive entre os médicos.

Nos dias de hoje, em que imperam na prática médica privada o tecnicismo e o mercantilismo, e no sistema público de saúde abunda a carência de tudo em todos os níveis, a relação médico-paciente está muito desvalorizada. Ela, que já foi parte fundamental do arsenal médico, está relegada a segundo (ou a terceiro, quarto...) plano. Uma lástima. Não é à toa que o número de processos judiciais contra médicos seja tão maior atualmente.

Para a relação entre o médico e o paciente evoluir bem ela precisa ser baseada, de um lado, na confiança que o médico inspira e, de outro, na compreensão de que, como qualquer outro profissional, o médico está sujeito às limitações da profissão. O empenho de ambos (médico e paciente) deveria ser assumido para um projeto de colaboração comum.

De forma geral, o médico é preparado para se relacionar com a doença, não com o paciente. Por sua vez, a distinção entre doença grave e menos grave não muda o que o paciente espera receber do médico: apoio, atenção e conforto. Quer seja uma gripe, quer seja um câncer terminal, são essas as necessidades básicas do paciente, que não devem ser dosadas em função da gravidade do seu estado.

Já li e reli algumas vezes *O médico e o paciente: breve história de uma relação delicada* (2002), livro de J. C. Ismael (1938-2011), jornalista e escritor rio-pretense. Gosto de folheá-lo de tempos em tempos. Recomendo a leitura para estudantes de Medicina, de preferência quando iniciam a atividade clínica. É uma obra singela, que aborda tópicos essenciais do tema: história, problemas mais comuns, cuidados necessários e competências a serem desenvolvidas.

• Tratar ou não tratar? •

Se um paciente com juízo crítico, capacidade de entendimento da situação e capacidade de decisão preservados recusa tratamento que estaria indicado no caso dele, seu direito deve ser respeitado. Um psiquiatra pode somente opinar se uma pessoa tem ou não condições de decidir sobre tal questão caso ela apresente algum transtorno mental. É exclusividade de um juiz, no entanto, auxiliado por um perito, declarar se ela é ou não competente para isso.

• O (des)encontro do médico com o paciente •

A essência da prática do médico é (ou deveria ser, como já foi) a sua relação com o paciente, "o mais singular de todos os encontros", nas palavras de Henri Ey (1900-1977), psiquiatra e psicanalista francês. É a relação médico-paciente que constrói a base e a sustentação do que se pode realizar no exercício prático da Medicina. Pena que esteja tão desgastada nos dias atuais.

Eustáquio Portella Nunes, psiquiatra e psicanalista, professor emérito da UFRJ na disciplina de psiquiatria, ensinava que "não há prática médica sem que haja um médico e um paciente e, consequentemente, não podemos fazer uma boa Medicina sem que essas duas figuras sejam objeto de atenção durante a relação que estabelecem". Aos poucos, entretanto, essa lição foi sendo esquecida, deixada de lado, à medida que aumentava o interesse pelos avanços tecnológicos das especialidades médicas.

A relação médico-paciente está desgastada por motivos diversos e relacionados entre si: diferença entre os objetivos do médico e os do paciente, supervalorização dos recursos tecnológicos (se dá mais importância aos exames do que às queixas do paciente), falta de tempo, volume da demanda, desinteresse (tanto do médico quanto do paciente), arrogância do médico, prevenção do paciente e as características de atendimento impostas pelo sistema público e pelos convênios.

Tanto na rede pública quanto nos consultórios e nas clínicas conveniadas, a relação médico-paciente fica comprometida pelo fato de haver uma intermediação entre as partes que dificulta a comunicação direta e sem entraves. A coisa já começa ruim pela escolha do profissional. Ele não é mais alguém em quem o paciente confia ou que admira, mas, sim, um desconhecido que está de plantão ou o primeiro que tiver horário para consulta dentre os que constam na listagem do plano de saúde.

(Des)encontro do médico com o paciente. O que pensam os médicos? é o título de um livro organizado pelo professor Maurício de Assis Tostes, da Disciplina de Psicologia Médica da UFRJ, publicado em 2014. Na obra ele reuniu entrevistas com 47 médicos de diversas especialidades a respeito da relação médico-paciente que proporcionam visão abrangente de como está a relação médico-paciente nos dias de hoje, de como ela deveria ser e do que pode ser feito para que ela melhore. Apesar de voltada para estudantes de Medicina, o texto é bem acessível ao público leigo.

Também na Psiquiatria, especialidade médica em que a relação médico-paciente costumava ser muito valorizada, observa-se a tendência de empobrecimento e desinvestimento vista na Medicina em geral. A falta de tempo, a pressão para o cumprimento de metas de atendimento, o desinteresse pelo treinamento em técnicas de entrevista, o apego a exames complementares e a prescrição abusiva de medicamentos permeiam a relação médico-paciente na prática psiquiátrica contemporânea, que deixa em segundo plano a sua essência: confiança, compreensão recíproca e respeito mútuo.

• Medicalização •

Medicalizar é transformar questões que não são médicas em doenças ou transtornos. Alguns exemplos: 1) A garota que está triste e chorosa porque seu namoro não deu certo dizer que está "deprimida"; 2) A pessoa que teve uma explosão de raiva descrever o ocorrido como um "surto psicótico" e 3) O médico falar que o indivíduo está "pré-diabético" porque o resultado da glicemia deu próximo ao limite superior da normalidade. Não é algo bom e nem tem a ver com o progresso da Medicina. Pelo contrário. Medicalizar é problematizar e, consequentemente, não lidar de maneira adequada com ocorrências da vida.

A medicalização é uma tendência forte nos dias de hoje. Cresceu em paralelo com suas duas irmãs mais velhas: a psicologização (explicações superficiais e pseudocientíficas para comportamentos) e a judicialização (deslocamento para o âmbito do Judiciário da decisão de questões de saúde, política e conflitos interpessoais) do cotidiano. As três contribuem para que haja confusão, prejuízo na compreensão (e no encaminhamento) da situação e transferência de responsabilidades. Somente a medicalização, entretanto, coloca em perigo a integridade física das pessoas. Medicamentos, exames e procedimentos médicos não são inócuos. Quando empregados sem necessidade, os riscos não compensam os (supostos) benefícios.

• Medicalização e desmedicalização •

A medicalização nada tem a ver com o progresso da Medicina, e sim com transferência de responsabilidades. No caso, o que deveria ser da alçada da sociedade em geral passa a ser assunto médico.

A desmedicalização é o processo oposto: retirar da esfera da atuação médica comportamentos e opções individuais que já foram considerados doenças.

A medicalização cresceu em paralelo com a judicialização (deslocamento de decisões sobre saúde, política e disputas interpessoais para o Poder Judiciário) e a psicologização (explicações superficiais ou pseudocientíficas para o comportamento). As três contribuem para que haja confusão na compreensão e no prejuízo no encaminhamento das situações em pauta. Somente a medicalização, contudo, coloca em perigo a integridade física das pessoas. Medicamentos, exames e procedimentos médicos não são inócuos. Quando empregados sem necessidade, os riscos não compensam os (supostos) benefícios.

Masturbação e homossexualismo já foram considerados doenças graves. Hoje não mais, o que representou um grande avanço. A pedofilia, por sua vez, é atualmente tida como um transtorno mental. Espero que seja desmedicalizada em breve, voltando a ser somente um crime. Não me convence a pessoa que alega insanidade somente quando flagrada cometendo um delito sem nem se preocupar com o assunto anteriormente.

• Fibromialgia •

A fibromialgia não pode ser considerada uma doença. Isso porque não se conhece sua causa nem seu mecanismo fisiopatogênico: o modo como se desenvolve e evolui o processo que provoca o quadro clínico. Sendo assim, referimo-nos a ela como uma síndrome: um conjunto de sinais e sintomas que seriam a via final comum de origens diversas. Especificamente, uma síndrome orgânica funcional.

Os principais sintomas dessa síndrome são dores musculares difusas e crônicas, fadiga, insônia, desânimo e rigidez muscular matutina. Muito já foi dito de que teria origem autoimune, inflamatória ou mesmo infecciosa, mas não há evidências que permitam sua inclusão em qualquer dessas categorias.

A prevalência da fibromialgia (número total de casos em um período de tempo) é variável na dependência de como foi feito o levantamento. Nos Estados Unidos, estima-se que seja de 2% a 4% e mais comum nas mulheres do que nos homens, na proporção de 3 para 1. As explicações para essa diferença são preliminares, mas vão desde a variação do perfil das pessoas que buscam atendimento até alterações hormonais.

O diagnóstico de fibromialgia só deve ser feito se forem descartadas outras doenças ou transtornos que apresentem manifestações semelhantes. As mais comuns são artrite inflamatória ou degenerativa, outras doenças reumáticas e depressão. Aliás, alguns autores até propõem que ela nada mais seria que um subtipo de depressão, tamanha a sobreposição de sintomas. O fato é que quando há sintomas clássicos de ambas (fibromialgia e depressão) o quadro em geral é mais grave. Se junto houver também um transtorno de ansiedade, a coisa se complica ainda mais.

Há consenso de que o tratamento da fibromialgia deve ser baseado em intervenção terapêutica multimodal, englobando explicações sobre o problema, exercícios físicos supervisionados, fisioterapia, psicoterapias (para esclarecer e amenizar os fatores emocionais e comportamentais que interferem na apresentação clínica) e farmacoterapia. O investimento maior ou menor em cada um desses componentes varia de caso a caso, na dependência do quadro e das limitações que causa.

Há também consenso sobre o que não se deve fazer em casos de fibromialgia. A prescrição de analgésicos potentes (opioides) deve ser evitada a todo custo. Não há medicamento que substitua a orientação terapêutica e o encorajamento para realização de terapias físicas e acompanhamento nutricional (em caso de sobrepeso). Os pacientes precisam saber que não vão morrer de fibromialgia, mas vão viver um bom tempo com ela. E que a dependência de analgésicos seria uma complicação séria, mas evitável.

• As características essenciais de um bom médico •

No discurso de despedida que proferiu na Universidade da Pensilvânia, em 1889, Sir Willian Osler (1849-1919), médico canadense, Professor Honorário de Medicina da Universidade Johns Hopkins (Estados Unidos) e Professor Régio de Psiquiatria de Oxford (Inglaterra), disse que as maiores qualidades de um médico ou cirurgião seriam a imperturbabilidade e a equanimidade. Sim, essas duas palavras existem. E têm significados muito precisos.

Por imperturbabilidade, Osler quer dizer sangue-frio e presença de espírito em todas as circunstâncias; calma em plena tempestade; discernimento nos momentos críticos; e certa indiferença afetiva. Em uma palavra? Fleuma. Frequentemente, tal habilidade é confundida com arrogância, desinteresse ou insensibilidade, o que é uma injustiça. A impassibilidade denota autocontrole, absolutamente necessário diante das situações clínicas mais tensas. De que adianta um médico que se desespera com o paciente ou seus familiares nessas horas?

Um médico não nasce pronto. Da mesma maneira que adquire conhecimento durante os anos de formação (seis de graduação, pelo menos mais três de especialização e, daí em diante, estudo diário até o fim da vida), ao longo dela vai lapidando sua imperturbabilidade. Ela é indissociável de boa educação, ampla experiência clínica e do conhecimento íntimo e profundo dos vários aspectos das síndromes, das clínicas, dos transtornos e das doenças.

O equivalente mental da imperturbabilidade, que Osler considerava uma postura ou uma atitude física, é a equanimidade. Tal termo, derivado do latim "aequanimitas" (aequus = igual + animus = mente/ânimo/espírito), tem a ver com calma, tranquilidade, estabilidade emocional e serenidade. Consiste de paciência, baixa expectativa em relação às pessoas com quem convive e tolerância à incerteza inerente à ciência e à prática médicas, bem como aos medos e às esperanças que nos fazem humanos.

• O mal do século •

Achou que eu iria abordar depressão ou ansiedade, não é? Enganou-se. Esses foram os premiados no século passado. O mal do século XXI na sociedade ocidental é a obesidade. Por décadas a Medicina se digladiou com alterações metabólicas, problemas cardíacos e vasculares antes de se dar conta de que sem combater sua causa a luta seria perdida.

A obesidade tem origem multifatorial. Por isso não há medicamento específico para combatê-la e dificilmente ela será resolvida por um procedimento médico ou com dieta de curto prazo. Mesmo que surgisse um remédio, contudo, seu enfrentamento não se restringiria a tomá-lo. É um problema de saúde que exige uma tomada de atitude (mudança de hábitos e disciplina) para ser resolvido. O filme de animação *WALL-E*, da Disney/Pixar, nos dá uma ideia do que poderá acontecer se o problema não for encarado com seriedade.

Na obesidade há um processo inflamatório sistêmico crônico, provavelmente resultante da ativação do sistema imunológico por adipócitos (células que armazenam gordura) disfuncionais. O acúmulo de gordura faz com que eles fiquem maiores e menos capazes de estocarem triglicérides. A mudança das características celulares, por sua vez, ativa vias metabólicas, que, por efeito cascata, causam inflamação e alterações no metabolismo geral. É um problema complexo que tem solução, mas ela definitivamente não é simples.

• Partes desnecessárias? •

Apêndice, adenoides, amígdalas e útero (em mulheres não mais em idade fértil) eram tidos como descartáveis, completamente desnecessários para a manutenção do bom funcionamento corporal até muito recentemente. As cirurgias para sua completa remoção eram realizadas aos montes, rotineiramente, até os anos 1980. Felizmente as coisas mudaram.

O apêndice, por exemplo, já foi tido como apenas um vestígio sem função de porção intestinal um dia importante para nossos ancestrais. Por isso, era removido sem a menor cerimônia, mesmo que estivesse saudável, em laparotomias exploratórias. Hoje se sabe que é um órgão com função imunológica e protetora da microbiota intestinal. Pesquisas recentes sugerem que ele funcione como um esconderijo, um reservatório de bactérias que fazem parte da flora intestinal normal, acionado quando ela é alterada por alguma doença.

Amígdalas e adenoides também tiveram seu valor resgatado por estudos recentes como as primeiras linhas de defesa contra patógenos que entram pelo nariz e pela boca. Parece que exatamente por essa razão são maiores em crianças. A incidência de infecções de vias aéreas superiores, otites e sinusites é duas a três vezes maior em pessoas que as tiveram extraídas antes dos 9 anos de idade, contrariando o que se pensava como justificativa para sua retirada. Parece que ambas (amígdalas e adenoides) auxiliam na calibragem de respostas imunológicas durante a infância, que persistem na vida adulta.

É curioso que também a frequência de histerectomias – a retirada do útero em mulheres que não estão mais em idade fértil – tem diminuído e dado lugar a maneiras menos drásticas de se lidar com miomas. Isso porque se desconfia que ele não seria completamente inútil depois de passada a possibilidade de gravidez.

Haveria alguma parte do corpo humano que pudesse ser considerada sem função e como fonte potencial de problemas? Sim. Os dentes do siso (ou terceiros molares). Porque nossa conformação facial é achatada em comparação com as dos demais primatas, e não há mais lugar para eles. Além disso, como cortamos e cozinhamos os alimentos mais duros, eles não seriam mais necessários.

• Por que se consulta um médico? •

Houve um tempo em que a maior parte das pessoas que procurava um médico estava com problema de saúde. Com o avanço do conhecimento, as coisas mudaram. Se para o bem ou para o mal, depende do ponto de vista, mas não creio que seja algo reversível. Hoje em dia, os motivos pelos quais se procura um médico especialista são bem mais variados.

O que faz com que se consulte médicos especialistas atualmente são os mesmos problemas de saúde, muito mais ativamente procurados por meio de exames diversos, mas também insatisfações com a estética corporal e a busca por atender às demandas mais diversas (maior disposição, aumento do nível de alerta, raciocínio mais rápido, melhora do desempenho sexual e medidas contraceptivas, por exemplo). Não sei se ficou claro, mas insatisfações e as demandas que motivam a consulta médica, no mais das vezes, são expressas por pessoas absolutamente saudáveis.

• Prevenir para não remediar •

A prevenção em saúde tem dois níveis. No primeiro, mais geral, que engloba educação e orientação da população, o objetivo é diminuir a ocorrência de doenças e identificar os casos em que há maior risco de surgimento de problemas. O segundo nível tem a ver com diagnóstico precoce e encaminhamento terapêutico de doenças – desde simples aconselhamento até tratamento medicamentoso – com vistas a minimizar complicações.

Hipócrates, médico da Grécia antiga, uma das figuras mais importantes da história da Medicina, nasceu em 460 a.C. e viveu aproximadamente oitenta anos. Na contramão do pensamento dominante na sua época, dizia que as doenças se deviam a causas naturais e não eram uma punição infligida pelos deuses ou causadas por forças sobrenaturais. Ele observava que em boa parte dos casos a doença era resultado de fatores ambientais, dieta pobre e hábitos de vida insalubres – pouca higiene e excessos de várias naturezas.

Dois mil e quinhentos depois de Hipócrates, nós, médicos, ainda tentamos convencer as pessoas de que os fatores que ele descreveu são mesmo nocivos à boa saúde física e mental e que atentar para eles é parte importante da promoção de saúde e da prevenção de doenças. Principalmente os excessos – de bebidas alcóolicas, drogas ilícitas, remédios, baladas e mesmo de atividade profissional - devem ser evitados, pois sua relação com o desencadeamento de doenças e transtornos mentais está bem-estabelecida.

Os casos de intoxicação, abuso e dependência de álcool, nicotina e outras drogas, por exemplo, têm clara relação com seu consumo desmesurado. Da mesma forma, transtornos de ansiedade e *burnout* se relacionam com excessiva cobrança no ambiente profissional.

• Estresse •

Estresse tem duas definições clássicas, bem diferentes. A primeira, a original, foi proposta por Hans Selye (1907-1982), endocrinologista austríaco radicado no Canadá, e diz que estresse é a resposta do organismo a um evento estressor. A segunda, de Bruce McEwen (1938-), neuroendocrinologista estadunidense, muda completamente o foco: estresse é o evento estressor, aquele que é interpretado como ameaçador e provoca respostas fisiológicas e comportamentais. Essa diferença causa muita confusão. Daí a importância de se saber que definição é utilizada quando lemos ou falamos sobre o assunto.

Pense por um minuto. O estresse é uma emoção? Não. Ele não faz parte da lista de emoções. Mas, se ele não é uma emoção, é possível dizer que ele seja emocional? Sem dúvida.

Provavelmente o que chamamos de estresse, segundo a definição de Hans Selye, tem a ver com as alterações fisiológicas e comportamentais que acompanham emoções como medo, raiva, tristeza e angústia, cujo objetivo é preparar o organismo para a ação necessária.

O significado de estresse pode variar, mas o seu resultado não: um organismo estressado, palco de modificações adaptativas nos seus diversos sistemas (cardiovascular, imunológico, hormonal, cerebral e mental). Tais mudanças variam de acordo com o tipo e a intensidade do estressor (pontual ou contínuo, forte ou fraco), nas suas diversas combinações. Os exemplos vão desde a morte trágica de um cônjuge ou familiar (um dos mais intensos e agudos) até vivências mais corriqueiras (dificuldades financeiras, problemas de relacionamento, vestibular, ingresso na universidade, mudança de cidade, casamento, separação e aposentadoria).

As manifestações do estresse agudo são mediadas, em sua maior parte, pelo sistema nervoso autônomo, que nos prepara para reação de luta ou fuga. Elas certamente lhe são familiares: aumento da frequência e da intensidade das batidas do coração; aumento da frequência respiratória; priorização da vascularização muscular e cerebral (para aumentar a velocidade de resposta e dos processos mentais), com consequente vasoconstrição periférica (daí a palidez e o formigamento de extremidades); aumento da transpiração (para compensar o aumento de temperatura provocado pela ativação muscular), percebido como suor frio; interrupção do processo digestivo; diminuição do interesse sexual; e arrepios (o equivalente em seres humanos à piloereção vista nos animais sob estresse).

As manifestações do estresse crônico, contínuas e prolongadas, visam manter o estado de ativação corporal e mental necessário para se lidar com a situação estressante pelo maior tempo possível. São mediadas por hormônios, principalmente o cortisol e a adrenalina, secretados pela glândula suprarrenal, que aumentam o metabolismo, estimulam o sistema imunológico e causam alterações comportamentais (diminuição do apetite e do interesse sexual, por exemplo) que têm por objetivo a conservação de energia.

Se o estresse perpetua-se por muito tempo, o organismo entra em exaustão, estágio caracterizado por fraqueza, fadiga, inapetência e perda de interesse por qualquer atividade. A luta prolongada contra as ameaças (reais ou imaginárias) compromete a capacidade física e mental. O sistema imunológico torna-se deficiente e a pessoa fica mais vulnerável a doenças. Uma das causas de depressão é a falência dos recursos para lidar com o estresse crônico. Nesses casos, além do tratamento medicamentoso, se faz necessário distanciamento do ambiente estressor para que a recuperação seja possível.

Quando o estresse é prolongado e desmedido, prejudica a saúde. Tanto a ocorrência de repetidos episódios de tensão aguda como também a exposição a situações estressantes contínuas têm relação com risco aumentado de doença cardiovascular, de anomalias do sistema imunológico e de alterações metabólicas. Além disso, níveis constantemente elevados de cortisol prejudicam a memória, pois danificam o hipocampo, região cerebral essencial para essa função cognitiva. Já basta ou precisa de outros motivos para se cuidar mais e desenvolver estratégias para lidar melhor com o estresse?

EMOÇÕES

• O que é uma emoção? •

Na sua essência, uma emoção é uma reação a um estímulo (interno ou externo) visando à resposta adaptativa eficaz, funcional e adequada ao contexto. Para que se manifeste são necessárias ativação neural geral e específica, avaliação cognitiva, mudanças afetivas subjetivas e alterações comportamentais. Não seria exagero dizer que as emoções, no seu conjunto, determinam a qualidade de nossas vidas, definem quem somos e estão por trás de todas as decisões importantes que tomamos.

As emoções são involuntárias e fugazes. Ocorrem como um reflexo cerebral/mental a um estímulo (externo ou interno) e duram segundos ou, no máximo, minutos. Podem se perpetuar, porém, pela repetição de episódios breves, determinando o aumento do seu nível basal.

As emoções nos dominam ou nós dominamos as emoções? Seguramente, a primeira alternativa é a que melhor expressa a realidade dos fatos, mas também é verdade que, uma vez identificadas, as emoções podem ser moduladas e encaminhadas, até certo ponto, de acordo com nossa vontade.

Uma emoção tem três estágios: ativação, processamento e resposta. Cada um deles subsidiado por grupos de células cerebrais. Uma vez desencadeada, essa sequência de eventos neurobiológicos persistirá até o fechamento do circuito. Não adianta pensar se está certo ou errado. Vai acontecer do começo ao fim e pronto!

A mente humana é um caleidoscópio emocional. Dela emanam infinitas combinações de emoções, dentre as quais algumas se destacam. As emoções fazem parte do nosso estar no mundo, das nossas ações e nossas reações. São elementos do nosso ser. Por isso, partindo do princípio de que estão em nós, procure-as e as achará. Todas elas, em maior ou menor intensidade.

De posse de fatos relativos às emoções, de que elas são inerentes à nossa vida mental e nem mesmo as consideradas "feias" ou "negativas" podem ser eliminadas, por exemplo, assume-se uma postura mais realista e promissora no seu manejo. É fácil? Não. Fácil é falar; teorizar. Fazer sempre é mais complicado. O bom gerenciamento das emoções, entretanto, é uma habilidade que pode perfeitamente ser adquirida e aprimorada com o tempo, desde que praticada com dedicação e perseverança.

• Emoções e sentimentos •

Apesar de muitas vezes serem usadas como sinônimos, emoção e sentimento não são a mesma coisa. As emoções são estados afetivos inatos e reflexos (no sentido de que surgem em resposta a estímulos) que, por meio de mudanças na dinâmica mental, afetam nosso corpo e nosso comportamento. Já os sentimentos são as emoções tornadas conscientes, percebidas como tal.

A relação entre emoção e sentimento pode ser sintetizada na seguinte formulação: uma vez que uma emoção qualquer (raiva, medo, orgulho, asco, alegria, tristeza etc.) é tornada consciente, ela se transforma em sentimento. Essa transformação torna possível a expressão do estado emocional de maneira mais racional para nós mesmos, em primeiro lugar, e para os outros.

Nós somos um mosaico ou, melhor ainda, um caleidoscópio de emoções, cuja imagem parcial pode ser identificada pela consciência, ganhando o status de sentimentos. Além disso, é curioso como uma emoção puxa outra, por afinidade (ternura levando ao amor, raiva à irritação e solidão à saudade) ou oposição (tensão dando lugar a alívio e expectativa virando decepção).

A descrição de vários estados emocionais e da transição de uma emoção para outra é feita de maneira fluida, simples e delicada por Cristina Pereira e Rafael Valcárcel no livro *Emocionário – Diga o que você sente* (2018). Eles descrevem 42 emoções como verbetes acompanhados, um a um, por ilustrações de artistas de alto nível. Com ele crianças de todas as idades podem aprender a reconhecer suas emoções e expressar seus sentimentos.

• Sob emoções fortes •

Não temos controle sobre as emoções, mas, uma vez que as transformamos em sentimentos (emoções conscientes), elas se tornam mais manejáveis. Pode ser difícil admitir sentimentos de raiva, medo, inveja e orgulho, por exemplo, mas todos os experimentamos de tempos em tempos. É uma injustiça nos julgarmos mal ao percebermos sua presença. Quando identificado, um sentimento tem menos chance de interferir nas nossas ações. Emoções não podem ser controladas, mas ações sim.

• Emoção e razão •

David Hume (1711-1776), filósofo escocês, afirmou que "a razão é escrava das paixões". Ele entendia que sem as emoções a razão ficaria perdida, desorientada, sem direção. Isso porque, segundo ele, a razão não decide nossas metas – quem faz isso são as emoções –, mas caberia a ela (a razão) identificar os melhores meios para se atingir tais metas. Ela nos auxilia a avaliar os méritos relativos de nossos objetivos, às vezes excludentes, mas não pode nos dizer qual é o melhor. O avanço das neurociências tem confirmado boa parte das ideias de Hume sobre a relação entre razão e emoções.

Alegria, tristeza, medo/ansiedade e raiva interferem no nosso pensamento racional mais do que gostaríamos. Essa é a dura realidade. Esse fenômeno tem a ver com a arquitetura cerebral: as camadas mais antigas do cérebro, sede dos instintos e das emoções básicas, têm precedência sobre as mais recentes no processo evolutivo, cuja atividade subsidia o raciocínio lógico. Na hora do aperto (tensão, cansaço, calor de uma discussão, necessidade de improviso), as emoções falam mais alto. Daí a orientação geral de se evitar, sempre que possível, tomar decisões importantes nesses momentos.

• Culpa •

Não há como negar o valor do sentimento de culpa, desde que na justa medida, para o desenvolvimento pessoal. Ele surge quando um padrão, uma regra, um princípio ou uma conduta esperada são desrespeitados. Sentir-se culpado, apesar de incômodo e desagradável, nos torna conscientes de como é difícil "andar na linha". A culpa pode ser entendida como um balizador, uma referência da responsabilidade moral e da ética da sociedade em cada um de nós que, quando transgredida, causa mal-estar e autocensura.

O sentimento de culpa em geral decorre da sensação de que se fez algo errado e engloba desapontamento consigo próprio, angústia e vergonha. Na justa medida, ele é fundamental para o desenvolvimento pessoal, pois subsidia o aprendizado pela avaliação dos erros (reais ou imaginários).

A culpa é uma emoção muito presente em nosso cotidiano. Quando corretamente identificada, o incômodo que provoca auxilia no desenvolvimento da autocrítica necessária para o aprendizado. Quando exagerada, por outro lado, mais atrapalha que ajuda; causa sofrimento estéril, não acompanhado de progresso pessoal.

• Inveja •

Engana-se quem diz que não sente inveja. Ou mente. Ela faz parte da gama de emoções humanas, que nos faz humanos, e por isso está em nós, como também residem em nós a alegria, a tristeza, o amor, a raiva, a culpa etc. Só que a inveja é tida como feia, negativa, pecaminosa e, portanto, deve ser eliminada (ou negada). O problema é que essa meta é inviável, pois propõe uma amputação emocional. Possível é identificar, admitir e controlar seus efeitos nocivos.

O desejo de atributos e bens materiais do outro pode gerar atitudes e ações construtivas (admiração, inspiração, busca de um ideal) ou destrutivas, quando quem deseja se sente incapaz de alcançar o objeto desejado e dedica-se a desvalorizar o que o outro tem. No segundo caso estamos falando de inveja.

Em *Todos contra todos – O ódio nosso de cada dia* (2017), Leandro Karnal explica que inveja significa "ver com maus olhos, de maneira hostil". "O olho do invejoso magnifica a luz real de terceiros e cega sobre as luzes possíveis em si", ele diz. E complementa: "A inveja provoca ódio que ilumina em mim o meu fracasso". Esse ódio de si mesmo é então deslocado para o outro, o que explica o ataque destrutivo ao que é dele, seja o corpo, o sucesso ou a inteligência.

• Ciúme ou inveja? •

Ciúme e inveja são palavras às vezes (erroneamente) utilizadas como sinônimos. Elas nomeiam emoções completamente distintas. A diferença é clara: sente-se ciúme do que se tem e inveja do que outra pessoa tem. O ciumento quer aquilo só para si, é possessivo. O invejoso, por sua vez, é destrutivo: se não pode ter, vai menosprezar, depreciar, diminuir ou mesmo estragar o objeto de inveja. A inveja em seu estado mais puro traduz-se pela seguinte formulação: já que eu não posso ter, não quero que o outro tenha.

• Orgulho •

Difícil acreditar que exista alguém que não tenha tido que administrar ao menos uma pontinha de orgulho. Quem nega essa afirmação pouco se conhece ou está mentindo. Não há como escapar. É uma emoção complexa que, mesmo culturalmente considerada um dos pecados capitais, faz parte da nossa vida mental.

O orgulho tem vários disfarces que dificultam sua identificação. Alguns, todavia, são conhecidos. Um deles é o perfeccionismo. Mario Sergio Cortella disse: "O perfeccionismo parece ser o defeito preferido dos que se consideram sem defeitos".

• Angústia •

Nossas vidas são permeadas por angústias existenciais. Somos de fato livres? Qual é o sentido da vida? Por que tanto sofrimento e desigualdade? O que é de fato a morte? Renato Russo (1960-1996), um ser humano angustiado do começo ao fim da vida, descreve uma faceta desse sentimento, sempre tingido por emoções ambivalentes, em "Tempo perdido" (1986).

Por angústia compreende-se também as manifestações físicas de ansiedade, dentre elas a sensação de aperto no peito. Angústia, aliás, vem do grego "*angor*", que significa estreitamento, opressão.

Angústia é ainda a denominação que se dá a um estado mental, acompanhado de intensa opressão no peito, muitas vezes confundido com transtorno de ansiedade, mas que não responde bem a ansiolíticos convencionais.

• Amizade •

Michel de Montaigne (1533-1592), jurista, político, filósofo e escritor francês, no ensaio *Da Amizade*, de 1580, descreve a amizade perfeita como sendo uma relação entre iguais; uma comunhão sem subterfúgios, precauções ou reservas; uma total confiança, sem obrigações recíprocas. Será que o conceito dele, por ser antigo, está ultrapassado? Ou houve banalização do que entendemos por amizade de forma a contentarmo-nos com bem menos hoje em dia?

• Angústia e pessimismo •

Reparou como, com raras exceções, atualmente prevalece nas pessoas em geral um sentimento misto de angústia, desamparo e pessimismo? E não é só em nosso país – onde sobram motivos para justificá-lo –, e sim um fenômeno geral. As reações a ele são basicamente de três tipos: inconformismo e intolerância violenta em relação "a tudo que está aí"; insegurança, apavoramento e inibição comportamental; e uma aparente indiferença, que provavelmente está por trás do imediatismo e do individualismo das gerações mais jovens.

Em *O futuro chegou: modelos de vida para uma sociedade desorientada* (2013), Domenico De Masi, sociólogo italiano, sugere que a causa do pessimismo que vigora nos dias atuais é consequência da desorientação geral que decorre da impossibilidade de se distinguir com clareza o que se passa. Essa impossibilidade, por sua vez, deriva da falta de um modelo de referência capaz de fornecer ao nosso juízo critérios de avaliação precisos e, ao nosso itinerário, balizas seguras.

• Hipocrisia •

Ouvi de um amigo que a hipocrisia seria o cimento da sociedade. Infelizmente, ele tem razão. As coisas se mantêm minimamente em ordem porque somos todos, em alguma medida e em algum momento, hipócritas. Não fosse assim, os confrontos e as brigas seriam muito mais frequentes e acirrados.

Veja este diálogo:

"Qual é, na sua opinião, o seu ponto fraco?", a psicóloga responsável pelo RH pergunta ao candidato a uma vaga na empresa durante o processo seletivo. "É a minha franqueza", ele responde. "Eu não acho que a franqueza possa ser considerada um defeito", ela comenta. "E eu lá estou preocupado com o que você acha?"

Captou? Percebeu como um pouco de hipocrisia, mesmo que eufemisticamente denominada boa educação ou polidez, faz falta?

Reforçando o que afirmou o meu amigo, temos que a palavra *hipocrisia* se origina do grego e, no seu sentido mais literal, significa abaixo (*hypo*) do ponto crítico (*krísis*), ou seja, trabalhar/agir/reagir abaixo do limiar de um descontrole, de uma explosão ou de um desequilíbrio. Isso, como se deduz, não tem nada de ruim. O ruim é a falsidade, o fingimento e o puxa-saquismo como meios de vida.

• Choro mesmo, e daí? •

O ser humano é muito limitado na expressão de suas emoções. Basicamente ri e chora. O choro expressa dor, tristeza, angústia, alegria, raiva e desespero, mas não necessariamente, como se costuma pensar, é sinal de fraqueza. Não se envergonhe de chorar. É uma das maneiras, talvez a mais eficaz, de extravasar emoções intensas. Deixe que os outros pensem que você é fraco ou fraca. Problema deles.

• Os dois lados da moeda •

As emoções são fundamentais na vida cotidiana, mas, às vezes, perturbam. E muito. Como pode um mesmo fenômeno mental ser bom e ruim? Simples. Como os dois lados de uma moeda. Uma de suas funções básicas – direcionar o foco para ideias que se perderiam em meio à velocidade dos processos cognitivos – pode também ser a causa de fixação em algo que não deveria ser levado em consideração por muito tempo, estreitando a vida mental da pessoa.

As emoções podem atrapalhar, é verdade, mas são elas que definem os problemas a serem resolvidos e nos orientam nessa tarefa. Sem emoções, não nos importaríamos com nada e, em um mundo em que ninguém se importa com nada, não haveria bom ou ruim, certo ou errado, moralidade ou imoralidade. Todos esses conceitos se fundamentam no fato de nos importarmos, de nos emocionarmos e de nos incomodarmos.

• Humildade •

A humildade é o antônimo e o antídoto do orgulho. É ela que nos permite reconhecer nossos limites, cultivar a disciplina, obter percepção mais apurada do que realmente importa na vida, aceitar ajuda quando necessário, inclusive profissional, e agradecer.

"Um dia você vai servir a alguém" (2000), versão de Vitor Ramil para a composição de Bob Dylan, "Gotta serve somebody" (1979), nos alerta para três verdades absolutas: há sempre alguém acima de nós, o arrogante não vai manter a pose para sempre e a humildade é o melhor antídoto para o orgulho.

• Vergonha e culpa •

Com tantas lideranças políticas citadas nas delações premiadas de empreiteiros - senadores, governadores, ministros e deputados federais -, eis aí duas emoções que vão estar bastante presentes nos noticiários. Ou não, fato que denunciará os sociopatas; os que não têm emoção, não se arrependem do que fizeram e não se importam com os sentimentos dos outros. Uma dica: não se apeguem ao discurso - todos negarão qualquer ilícito -, e sim às expressões, às atitudes e às posturas dos denunciados.

Vergonha e culpa são emoções aparentadas, mas distintas. Estão relacionadas com avaliações e interpretações diferentes do estímulo que as desencadeia. Vergonha é a emoção experimentada quando a pessoa entende que o que ela fez de errado tem a ver com inadequações que ela traz consigo; com um "defeito", uma fraqueza ou uma falha de caráter. Já a culpa é a emoção que surge quando a pessoa percebe que fez algo errado por não ter avaliado corretamente as consequências, de modo irresponsável e colocando a integridade de outros em risco.

Essas duas emoções também diferem quanto ao seu desdobramento. A pessoa envergonhada frequentemente sente raiva quando percebe a desaprovação dos outros. Afinal, ela entende que não tem controle sobre suas tendências, algumas das quais se manifestam em oportunidades tidas como irresistíveis. Já as que se sentem culpadas se arrependem, assumem a responsabilidade pelo que fizeram, aceitam o castigo que a sociedade lhes impõe e se preocupam com o que fazer para não incorrer nos mesmos erros no futuro.

Por fim, eis algumas diferenças fundamentais entre essas duas emoções: a culpa surge porque você fez alguma coisa errada, a vergonha indica que há algo errado com você; a culpa diz que você cometeu um engano, a vergonha, que você é um engano; e, por fim, a culpa diz que o que você fez não é bom, já a vergonha diz que você não é bom.

• Resiliência •

Resiliência é um conceito da Física que foi apropriado pela Psicologia. Originalmente, diz respeito à propriedade pela qual um objeto deformado por um golpe retorna à forma original uma vez cessada a tensão deformadora. Isso ocorre antes que atinja o *breaking point*, depois do qual a reconstituição não é mais possível. Em termos de comportamento humano, refere-se à capacidade de suportar pressões e continuar firme. Nosso ponto de colapso é difícil de ser atingido. Somos mais resilientes do que em geral imaginamos. Gonzaguinha (1945-1991) traduziu o significado de resiliência para o português corrente em "E vamos à luta" (1980). Vale a pena conferir a interpretação que Maria Rita fez dela.

• Inteligência emocional •

O conceito de inteligência emocional surgiu em 1990 e tornou-se muito popular depois da publicação de um livro sobre o assunto por Daniel Goleman, psicólogo e escritor estadunidense, em 1995. À época, era definida como a habilidade para perceber, compreender e manejar as próprias emoções. Dizia-se, então, que era o melhor indicador de sucesso na vida, conferindo vantagem em qualquer circunstância – relacionamentos amorosos, atividades profissionais e até na vida política. Passaram-se anos antes que viesse a público que, apesar de sua popularidade, a proposta tinha muito pouco suporte científico.

Após fase de entusiasmo com a pretensa novidade – a ideia, com outros nomes, já existia havia bastante tempo –, percebeu-se a fragilidade da proposta inicial. Ela foi, então, aprimorada. A definição atual de inteligência emocional é a habilidade para perceber, acessar e gerar emoções de modo a auxiliar o pensamento, a compreensão e o conhecimento emocional para, por sua vez, regular as emoções, promovendo crescimento emocional e intelectual. Como se pode perceber, não é algo a ser desenvolvido em seminários ou workshops, mas, sim, ao longo da formação do indivíduo, desde que ele tenha oportunidades para praticar.

Nos últimos cinco anos, começaram a surgir na literatura especializada estudos e revisões sugerindo que, além de não ser algo tão positivo quanto se pensava, um alto índice de inteligência emocional, sem o adequado amadurecimento pessoal, poderia ser psicologicamente nocivo para a pessoa e ter impacto negativo em relacionamentos interpessoais, inclusive românticos. Na verdade, o que se sabe hoje nada mais é que o óbvio: a maneira como a inteligência emocional é empregada (para o bem ou para o mal) tem a ver com o caráter, as predisposições subjacentes e as competências da pessoa.

• Mágoa •

Uma paciente que me foi encaminhada por colega cardiologista por conta de quadro depressivo, de 76 anos, assim descreveu seu problema: "É muita mágoa no meu coração, doutor. E quando me lembro das coisas que vivi, que aconteceram comigo, ela ferve. É muito sofrido. E os outros psiquiatras que consultei já me disseram que é um problema sem solução...".

Sem maiores aprofundamentos, a mágoa é tida como um sentimento desagradável, em geral causado por ofensa, desconsideração e desgosto. Na verdade, porém, ela é um sentimento complexo e cheio de ambivalências; uma mistura de raiva, culpa, inveja, não aceitação e outras emoções mais. Por isso mesmo é difícil defini-la. Ana Carolina conseguiu expressá-la magistralmente em "É mágoa" (2003). Não somente na letra como também no crescente da música e na interpretação.

• Generosidade •

A gente dá o que tem. Uma pessoa não pode dar o que não tem. Se o que ela tem de sobra é mau humor, amargura, pessimismo, maldade e ranhetice, é isso que vai lhe dar. Felizmente, por sua vez, a regra vale também para coisas boas. Afeto, alegria, otimismo, alto-astral, consideração, disposição e também coisas materiais podem ser compartilhados. É o que fazem as pessoas generosas.

O professor Mario Sergio Cortella, no Podcast *Academia CBN* de 12 de julho de 2018, explica que generosidade é a capacidade de repartir, compartilhar o que se tem de bom. Não necessariamente o que se tem a mais, mas o que emana de bom de si, espontaneamente. É gostoso encontrar e, mais ainda, conviver com uma pessoa generosa.

Gilberto Dimenstein, escritor e jornalista, fez uma analogia muito boa para explicar a generosidade. Ele diz que a pessoa generosa oferece a chama de sua vela acesa para acender a vela apagada de alguém com quem cruza. Ao fazer isso, não há perda. Não se perde nada ao ceder a chama de sua vela para que outra pessoa acenda a dela. Ao contrário, ao se fazer isso a luminosidade do ambiente aumenta.

• Generosidade e altruísmo •

A pessoa generosa é também altruísta? Nem sempre. E o altruísta? Pode-se dizer que seja sempre generoso? Não necessariamente. Altruísmo é abnegação, desprendimento; é o "amar ao próximo mais do que a si mesmo". Generosidade é gostar de dar, de distribuir, perdoar com facilidade e nobreza.

Uma atitude altruísta visa ajudar quem se encontra em dificuldades, e sempre implica algum tipo de custo e risco. Quando não existe risco, é generosidade. Generosidade não envolve risco, altruísmo sim. Altruísmo e generosidade, ambos, são virtudes, mas qualitativamente diferentes.

• Indignação •

Indignação é o sentimento de cólera e repulsa que se experimenta diante de ação maldosa, mesquinha, desprezível e indecorosa. Ela não tem, contudo, o caráter destrutivo da raiva. Pelo contrário, nos move a tomar atitude de mudança da situação incômoda. Sem dúvida ela lhe é familiar, leitor. Junto com perplexidade, é a reação emocional mais natural quando se assiste ao noticiário político.

• Fábulas •

A inveja é destrutiva e a vaidade, por sua vez, deixa a pessoa mais vulnerável. É o que ilustra a fábula da barata e da centopeia, narrada pela historiadora espanhola Carmen Iglesias, no discurso de posse na Real Academia Espanhola, em 30 de setembro de 2002:

"Que graça maravilhosa você possui ao caminhar, que coordenação incrível. Não sei como consegue se locomover tão sinuosa e facilmente com todas essas patas. Poderia me explicar?", perguntou a barata má e invejosa.

"É muito fácil; basta mexer as cinquenta patas do lado direito para adiante enquanto mexe para trás, sincronizadamente, as cinquenta do lado esquerdo, e vice-versa", explicou a centopeia, toda vaidosa.

"Fantástico!", exclamou a barata, fingindo admiração, e deu a estocada final: "Poderia me fazer uma demonstração?". E a centopeia nunca mais conseguiu se mexer.

Consta que Esopo, escritor grego, viveu no século VI a.C. Por intermédio de fábulas transmitiu conhecimento que até hoje serve de inspiração. Na da gralha e dos corvos mostra as consequências nefastas do orgulho desmesurado.

> Uma gralha, bem maior do que seus pares, olhava-os com desdém. Partiu então em busca dos corvos para morar com eles. Mas os corvos, que nunca a tinham visto, expulsaram-na sem piedade. Rejeitada por eles, a gralha voltou para os seus. Mas eles não lhe perdoavam o orgulho e não a aceitaram de volta. E ela não pôde viver bem com uns nem com outros.

> Não troques tua terra por uma outra: nesta serás rejeitado por ser estrangeiro e naquela o teu desprezo será devolvido em ódio.

Esopo também ilustra como o vaidoso se torna presa fácil de quem é astuto na fábula do corvo e da raposa:

> "Quem, além de ti, pode ser o rei dos animais?", perguntou a raposa ao corvo, ao vê-lo no alto de uma árvore com um pedaço de carne no bico. "Bastava que tivesses voz", complementou.
> E o corvo, querendo mostrar que não era mudo, deixou cair o pedaço de carne para emitir alguns ruídos.
> A raposa prontamente abocanhou a carne e ainda ironizou: "Se fosses menos vaidoso (e mais inteligente), senhor Corvo, não faltaria nada para seres o rei dos animais".

• Amor •

O amor é uma emoção complexa e polimórfica; uma reação que engloba componentes neurobiológicos, cognitivos, emocionais e comportamentais, cuja função teria a ver com construir e manter relações próximas. Apesar de nossas semelhanças, cada ser humano é único, singular, diferente em algum aspecto, notadamente na sua composição emocional, no modo como suas emoções se expressam e como lida com elas. E, dentre elas, com o amor.

O amor é uma só emoção. Não existem "tipos" de amor, mas ele pode se manifestar de formas diferentes, de acordo com sua intensidade, na dependência de como ele foi ensinado (e aprendido), das pessoas envolvidas, do grau de maturidade delas e de seus valores.

O amor que sinto pela minha esposa é diferente do que tenho pela minha mãe, minha filha e minhas amigas.

Ele é a emoção por trás do querer bem a alguém. Precisa ser cultivado para se desenvolver. Ele não brota nem cresce sozinho e pode ser sufocado por outras emoções. Ana Cañas e Nando Reis cantam a entrega desse bem tão precioso à pessoa amada em "Pra você guardei o amor" (2015).

• O amor e o amar •

Há de se fazer a distinção entre o amor-emoção, afeto terno ou ardente de uma pessoa por outra, e o amor-ação, disposição para estar atento às necessidades legítimas e ao bem-estar do outro. O amor-ação, ou, de maneira mais simples, o amar, é imprescindível para o sucesso dos processos envolvendo troca de experiências e aprendizagem.

Já na antiguidade os gregos faziam distinção entre o amor-emoção (paixão, romantismo, sentimento), por eles denominado *eros*, e o amor-ação, ao qual eles se referiam como ágape. Esse último – o amar – é o ingrediente decisivo que permite ao pai, ao professor, ao médico, ao terapeuta e ao líder interessar-se pelo outro e pelo seu aprimoramento de forma autêntica. Amar o próximo pressupõe aceitá-lo profundamente e comprometer-se com o que ele pode vir a ser.

Em Coríntios 1, parágrafo 13, versículos 4 a 7, temos uma excelente definição de amor-ação: "é paciente, bondoso; não é ciumento, nem orgulhoso, nem vaidoso; não é grosseiro, nem egoísta; não fica irritado, nem guarda mágoas; não se deleita na maldade e se regozija com a verdade; nunca desiste; tudo desculpa; suporta tudo com fé, esperança e paciência".

O amor-ação, ágape ou o amar é o que nos permite olhar para os que estão sob nossa responsabilidade e enxergá-los como seres legítimos e completos, merecedores de consideração e crédito. Também é inspirado nele que podemos identificar as qualidades de um bom líder: paciência, bondade, humildade, respeito, generosidade, indulgência e confiança.

• Fofoca •

Acompanho de perto a produção de Leandro Karnal. Admiro sua lucidez e o modo claro e conciso com que expressa seus pontos de vista. Em *A detração - Breve ensaio sobre o maldizer* (2016), fica claro que todos falamos mal de todos, mas com diferentes motivações e intenções, algumas prosaicas e outras claramente criminosas e destrutivas. Segundo o professor de História da Unicamp, o tripé básico da detração é um cérebro ardiloso, um coração ressentido e uma língua ferina. Ele afirma que a fofoca anda de mãos dadas com a cobiça e a inveja. E é esse fato que eu gostaria de destacar. Ao se flagrar fazendo um comentário ferino sobre alguém, examine seu estado emocional. Pode estar sendo movido pela inveja sem se dar conta.

• Identidade emocional •

A personalidade pode ser dividida em várias identidades, sendo que cada uma delas ressalta um lado específico de quem a pessoa é. Pode-se dizer, então, que cada um de nós tem uma identidade política, uma identidade financeira, uma identidade culinária, uma identidade artística, e assim por diante. Seguindo essa linha de raciocínio, temos também uma identidade emocional.

A identidade emocional é a maneira característica pela qual cada um de nós expressa as emoções, os desejos e os temores em resposta ao comportamento – positivo ou negativo – dos outros e aos acontecimentos. Ela se estrutura em quatro componentes: amor-próprio, sinceridade, modo de se comunicar e autoconfiança. A distribuição proporcional e a disposição desses componentes nos moldam de maneira decisiva.

O amor-próprio talvez seja o mais essencial dos componentes de nossa identidade emocional. É ele quem determina o quanto podemos ser compreensivos conosco mesmos, capazes de nos aceitar como somos e de nos manter firmes em face à oposição e aos reveses. Amor-próprio é diferente de orgulho e de egoísmo: é basicamente o sentimento de respeito e consideração para consigo mesmo.

A sinceridade, o grau em que somos capazes de admitir para nós mesmos e de examinar conscientemente, com seriedade e equilíbrio, alguns pensamentos e fatos perturbadores, é outro componente-chave de nossa identidade emocional.

O modo como alguém comunica desapontamentos e frustrações revela muito da sua identidade emocional. Consegue colocar o que sente em palavras (de modo a se fazer entender pelo outro)? Internaliza, disfarça e guarda para si o que está sentindo? Descarrega no coitado que está ao seu lado (e que às vezes não tem nada com a história)? Em que medida compreende e aceita que o outro pode pensar diferente?

A autoconfiança, um dos principais componentes da identidade emocional, tem a ver com quanto nos sentimos seguros em relação ao gerenciamento de reações emocionais (nossas e dos outros); à capacidade de lidar com imprevistos/perigos e superar desafios; e à resistência ao estresse.

Os níveis de amor-próprio, sinceridade, comunicação e autoconfiança, seu arranjo na vida mental, interferem decisivamente na estruturação da nossa identidade emocional que, por sua vez, é parte da nossa personalidade. É um erro acreditar que cada um desses componentes não possa ser desenvolvido ou aprimorado. Nossa vida mental é dinâmica e há nela espaço para construção e reforma.

• Fórmulas •

A fórmula da felicidade é uma equação complexa com múltiplas variáveis, cujo peso é individualizado e depende de vários fatores. A fórmula da infelicidade, por sua vez, é bastante simples: consiste apenas em querer ser diferente do que se é; fingir ser o que não se é. Seguindo essa regra, a infelicidade é garantida.

• Tipos de solidão •

A solidão é a sensação de que se está isolado, só e desamparado. Ela pode ser objetiva ou subjetiva. A segunda distorce as percepções e perturba os pensamentos; faz crer que os que estão à nossa volta não se importam conosco. A solidão, principalmente quando se está rodeado de pessoas, dificulta muito a busca de companhia pelo medo da rejeição, que é tida como praticamente certa.

A solidão é como uma ferida emocional profunda. Mina a autoestima, o amor próprio e a autoconfiança. Se não for bem cuidada, complica-se da mesma maneira que quando não se trata adequadamente de uma ferida cutânea: infecciona, cresce localmente, necrosa e se dissemina pelo sangue. O tratamento? Limpeza frequente e com movimentos suaves, curativo que a proteja de contaminação, paciência, tolerância e atitude construtiva para consigo próprio.

Solidão é o estado de quem se encontra só, isolado dos demais. Ela pode ser real, quando se está completamente só em uma ilha ou trancado em um cômodo da casa, por exemplo. Pode também ser uma sensação. É o que ocorre quando a pessoa se sente incomodada, não adaptada, não pertencente a um grupo ou comunidade. A solidão pode decorrer de uma escolha pessoal ou ser involuntária e até mesmo indesejada.

Em *O mundo como eu vejo* (2018), Leandro Karnal escreveu: "Na solidão, sou eu mesmo, longe da cena, livre de roteiro, sem necessidade de fazer as coisas que agradam os outros", se referindo à solidão voluntária, aquela que estimula a liberdade, desde que se esteja bem consigo próprio, a própria companhia nesses momentos.

Jesus, Buda e Maomé se valeram da solidão autoimposta em busca de comunicação consigo e de elevação da voz interior necessárias para o aprendizado e a elaboração de suas respectivas missões. Karnal também afirmou que "há vozes internas que só o silêncio prolongado consegue libertar" quando relatou duas experiências pessoais de isolamento voluntário.

• Solidão a dois •

Mais de uma paciente já se disse "viúva de marido vivo". Há poucos dias, pela primeira vez, escutei de um homem se sentir "viúvo ainda sendo casado com a mulher que um dia foi sua paixão". A solidão a dois surge quando duas pessoas comprometidas, vinculadas afetiva ou socialmente, permanecem juntas por outras razões que não o amor, o carinho, a cumplicidade e o companheirismo.

Leandro Karnal, na mesma obra citada anteriormente (2018), diz que a solidão a dois é "a segregação mais angustiante que pode existir"; algo equivalente a levar adiante a relação como se ninando criança defunta. São várias as razões para esse comportamento mórbido, mas apenas três as possibilidades de sua evolução: a manutenção do estado das coisas por um tempo mais; o sepultamento do cadáver em que se transformou o casamento; ou sua ressuscitação, caso se trate de uma síncope ou parada cardiorrespiratória.

• Antes mal-acompanhado do que só •

Sim, é isso mesmo. Não houve engano. O título deste tópico é uma inversão do ditado popular. E é exatamente assim que muitas pessoas pensam. E agem de acordo. Como não toleram a solidão – para elas ficar só é insuportável –, qualquer companhia serve, mesmo que seja de alguém destrutivo, tóxico e desagregador. Uma pena, não é?

O antídoto para esse sentimento de que é insuportável ficar só (o que, em bom português, quer dizer que a pessoa não aguenta ficar consigo mesma) é feito a partir de uma mistura de boas doses de amor-próprio, autoestima e atitude construtiva diluídos em aceitação de como se é, ou melhor, de como se está, primeiro passo para se cuidar melhor.

• Raiva •

A raiva é elementar e poderosa como o fogo. Arde, queima, pode provocar dor e não é realista imaginar que seja possível eliminá-la inteiramente de nossas vidas. Ela nos faz agir impulsivamente e cometer atos, alguns com consequências irreversíveis, dos quais depois venhamos a nos arrepender. Vale a pena o esforço para compreendê-la e aprender a lidar melhor com essa emoção.

• Rejeição •

Um paciente, rapaz de seus 25 anos, muito correto, mas tímido até não poder mais e com autoestima frágil, conseguiu marcar um encontro pelo Tinder com uma garota. Ela tinha bom papo, parecia legal e demonstrou interesse. Eles se encontraram num bar. Conversa vai, conversa vem, depois de uns 30 minutos ela, abruptamente, se levantou dizendo: "não era o que eu esperava", e foi embora.

O rapaz ficou desconcertado. E, sozinho na mesa, aos poucos a ficha foi caindo e ele foi se sentindo cada vez pior. Ligou para uma amiga e contou para ela o ocorrido. Ela então lhe disse: "Bem, o que você esperava? Você é magro, fracote, não tem nada de interessante para dizer. Por que uma garota sairia com um cara como você?". Chocante, não?

Como pode alguém ser tão insensível? Mais chocante ainda, todavia, foi que quem fez aquele comentário cruel não foi a amiga. Foi ele mesmo. Mentalmente, foi o que disse para si. E como fazemos isso! Especialmente depois de uma rejeição ou de um vacilo. Começamos a pensar em nossas falhas e nossos defeitos; o que queríamos ser e não somos; nos julgamos mal. Talvez não tão severamente, mas todos, alguns mais outros menos, fazemos isso.

Não é infrequente que nos tratemos como jamais trataríamos alguém que queremos bem. Da próxima vez que for (ou se sentir) rejeitado, procure tratar-se como se estivesse dando uma força para um amigo naquela situação. A ideia é resgatar a autoestima e não bater nela quando já está na lona. Se não conseguir é porque está de mal consigo mesmo. E nessas ocasiões somos capazes de ser muito cruéis conosco mesmos.

• Ruminação •

Ruminar significa regurgitar e tornar a mastigar. Em termos mentais é ficar remoendo uma imagem, um pensamento, um acontecimento (e sua reação a ele). No mais das vezes, é uma atividade que joga para baixo, cavando um buraco que se aprofunda a cada nova mastigada.

Ruminar pode se tornar um hábito. Daqueles que podem custar caro. Ao passar muito tempo remoendo coisas negativas e aborrecidas, se julgando mal pelos "erros" e pelos vacilos, a pessoa tortura a autoestima e pode adoecer (física e mentalmente).

Mudar um hábito não é fácil. Não é fácil interromper a ruminação. Mas é simples: basta desviar a atenção, mudar o foco. Dois minutos de distração já são o bastante para quebrar a sequência de pensamentos circulares. Lógico que depois o processo se reinicia, mas, se a cada vez que um pensamento negativo brotar nos esforçarmos para desviar a atenção e pensar em outra coisa ou fizermos algo, ele perderá a força.

• E agora? •

Diante de alguns eventos de vida a reação é de choque, de assombro. Experimenta-se um turbilhão de emoções. Raiva, culpa, angústia, vergonha, revolta, nojo e outras mais, juntas e misturadas. Nessas ocasiões é preciso achar calma. A última coisa a ser feita é tomar decisão precipitada, movida pelo calor da hora, pois a chance de se arrepender é muito grande.

• Emoções e cognição •

As emoções influenciam o modo como percebemos as coisas, afetam nossa memória, interferem no nosso raciocínio e nos processos decisórios. Até aí tudo bem, mas quanto? Certamente muito mais do que se imagina. Na imensa maioria das vezes, seu valor adaptativo prevalece, ou seja, sua participação aumenta a eficiência dos processos cognitivos. Mas nem sempre.

É basicamente a intensidade das emoções que faz a diferença quanto ao seu efeito na cognição. Quando leves ou moderadas, as emoções melhoram a atenção, auxiliam no raciocínio e aumentam o índice de acerto de decisões. Quando muito intensas, perturbam esses e outros processos cognitivos, favorecendo interpretações distorcidas da realidade e erros de avaliação que, por sua vez, interferem negativamente no encaminhamento das situações e dos impasses.

Outro fator de peso na interação das emoções com a cognição é o tônus emocional, o nível basal (e sustentado) de algumas emoções. Orgulho, inveja, tristeza e culpa, por exemplo, mesmo que não sejam muito intensos, se constantemente presentes, atrapalham os processos cognitivos e interferem com o comportamento e os relacionamentos interpessoais. Já a alegria, a autoestima e a autoconfiança, em geral, têm efeito positivo.

A atividade mental é uma só. Emoções e cognição só são consideradas separadamente para facilitar seu estudo e sua compreensão, mas é um erro negar-se sua íntima relação. Os pensamentos influenciam o nível e a composição emocional, além de funcionarem como estímulos que desencadeiam emoções. Estas, por sua vez, alteram a seleção, a nitidez e a intensidade das lembranças; interferem na percepção do ambiente (o que deve ser mais valorizado) e no entendimento das ocorrências (de quem é a responsabilidade quando acontecem contratempos ou infortúnios). Também determinam quanto esforço será dispendido numa tomada de decisão e a qualidade das expectativas em relação ao futuro.

• Emoções e tomada de decisão •

Como utilizar as emoções da melhor forma para aumentar a chance de se tomar decisão acertada? Estou falando de questões como onde morar, com o que trabalhar, com quem se casar, por exemplo. É mais promissor sentar-se e fazer uma lista de prós e contras das opções? Ou deixar a questão em suspenso por um tempo para que os instintos guiem sua escolha? Minha sugestão: faça ambos. Uma alternativa não exclui a outra. Busque a compreensão realista dos fatos relevantes para a decisão, mas também permita que a questão permaneça como pano de fundo da mente por um período, e então faça a média entre o que diz o cérebro e o que diz o coração.

• Saudade •

O dicionário *Aurélio* define saudade como "lembrança nostálgica e, ao mesmo tempo, suave, de pessoas ou coisas distantes ou extintas, acompanhada do desejo de tornar a vê-las ou possuí-las". Acrescento que nem sempre é algo agradável. Pode ser bem sofrido. Costumeiramente, porém, com o tempo vai se abrandando.

Não conheço melhor conjunto de descrições poéticas da saudade do que o montado por Chico Buarque em "Pedaço de mim" (1978). Vale a pena conferir a versão interpretada por ele e Zizi Possi.

• Chantagem emocional •

A chantagem emocional ocorre quando uma pessoa (o chantagista) tenta forçar outra (a vítima) a fazer algo se valendo de algum tipo de ameaça ou pressão. É um abuso que ocorre muito frequentemente quando a vítima não tem assertividade e cede, fazendo coisas que não deveria fazer. Ela não ocorre só em filmes da máfia ou no ambiente político. Muito comumente permeia relacionamentos familiares, sociais e profissionais cotidianos.

As vítimas de chantagem emocional cedem ou aceitam a pressão do chantagista ficando quietas e evitando o confronto. A chantagem emocional vai além da ameaça física. A vítima cede, em geral por sentimento de culpa, de obrigação ou de medo puro e simples, emoções que são exploradas e reforçadas pelo chantagista.

Há quatro tipos de chantagistas emocionais: o que faz ameaças punitivas; o que faz ameaças autopunitivas; o que se faz de vítima; e o que faz propostas tentadoras, mas indecentes. Eles estão à nossa volta, mas só são reconhecidos quando fazem a chantagem, que pode ser sutil ou grave e ofensiva. Fique atento e esteja preparado. Mais cedo ou mais tarde, às vezes quando e de onde menos se espera, eles podem nos abordar.

O chantagista que faz ameaça punitiva transmite a seguinte mensagem à vítima, mais ou menos explícita: "faça o que eu digo ou sofrerá consequências negativas". Nessa categoria, além dos políticos inescrupulosos, estão alguns colegas de trabalho e mesmo o cônjuge que "dá um gelo" no outro por ele não ter se comportado como o manipulador gostaria.

O chantagista que faz ameaças autopunitivas se aproveita do sentimento de culpa da vítima ao lhe mandar a mensagem: "faça o que eu quero ou eu mesmo vou me encarregar de causar consequências negativas em mim". É o caso da pessoa que diz que vai se suicidar se o namorado ou a namorada terminar com ela, ou da criança que bate a cabeça na parede como forma de protesto quando a mãe recusa ceder a alguma vontade dela.

Em vez de ameaçar com alguma punição ou de se ferir caso sua vontade não seja atendida, o manipulador que se faz de vítima transmite a seguinte mensagem: "se não fizer como eu digo, eu sofrerei consequências negativas da sociedade". Um exemplo clássico desse tipo de chantagem emocional é o do sujeito que implora para seu amigo não denunciar algo de errado que ele tenha feito (consumo de drogas ou acidente de trânsito, por exemplo) para protegê-lo de alguma punição.

Em contraste com os outros três tipos de chantagista está o que oferece uma espécie de recompensa para a vítima. Transmite-lhe a seguinte mensagem: "faça o que eu quero e desfrutará vantagens". Um exemplo seria o chefe que pede ao seu subordinado que falseie informações que o comprometam em troca de gratificação. Em outras palavras, ele o transforma em cúmplice ou em "laranja".

• Medo e amor •

Medo e amor são sentimentos tão diferentes, não é mesmo? Mas têm algumas coisas em comum. Ambos significam a desistência da lógica; o abandono de nossos padrões normais de funcionamento. Ou os encaramos ou cedemos a eles e somos completamente dominados. Não há meio-termo .

Medo, amor, raiva, tristeza, alegria e nossas outras emoções – balanceadas e proporcionais aos estímulos – são absolutamente necessárias para a manutenção da sanidade. São elas que intermedeiam nossa interação com o mundo real, aparando e moldando a realidade absoluta, incompatível com uma vida saudável.

Gostei muito da série original Netflix intitulada *A maldição da residência Hill* (2018). No seu transcorrer, em meio à trama envolvente e bem desenvolvida, discorre-se sobre emoções humanas, notadamente medo e amor. Recomendo-a para os que apreciam um bom filme de suspense sobrenatural.

• Razão e paixão •

Acabei de reler – até perdi a conta de quantas vezes já o fiz – *O Profeta*, de Khalil Gibran (1883-1931), pintor e escritor libanês. Cada vez que folheio essa pequena obra-prima algo novo me chama a atenção. Dessa última, foram as reflexões sobre razão e paixão. Transcrevo uma de suas formulações: "Vossa razão e vossa paixão são o leme e as velas da vossa alma navegadora". Se qualquer um deles (leme ou velas) estiver quebrado, perde-se o rumo ou se fica preso em uma calmaria do mar interior.

Khalil Gibran, nas palavras do Profeta, diz que nossa alma é um campo de batalha onde razão e julgamento se batem com a paixão e o desejo. Diz também que não deveria ser assim, que o ideal seria que essas forças se conciliassem e se agregassem, já que "a razão, governando sozinha, se confina; e a paixão, sem cuidado, é uma chama que queima até se destruir".

No meu entender, razão e paixão são os dois lados da mesma moeda. Simplesmente coexistem, mas nem sempre de forma harmônica e civilizada. Khalil Gibran sugere que consideremos julgamento e desejo, respectivos filhos da razão e da paixão, como hóspedes queridos em nossa casa. Os dois devem ser tratados com consideração e respeito, pois do contrário perder-se-á o amor e a fé de ambos.

• Você está rindo de quê? •

Nós, seres humanos, somos privilegiados pela gama de emoções que experimentamos. Ainda mais sabendo que cada uma delas possui muitas variações. A expressão das emoções, no entanto, é bastante limitada. Basicamente, rimos e choramos. Rimos de raiva, de nervoso, de vergonha, de alegria, de satisfação e, lógico, por achar graça de algo. Às vezes acontece até de chorarmos de tanto rir.

Recentemente, de maneira completamente inesperada e inusitada para mim, vi um sorriso resultante de emoções fortes e negativas. Foi assistindo ao longo (mais de 9 horas de duração) documentário sobre o Holocausto, intitulado *Shoah* (1985), do diretor francês Claude Lanzmann (1925-2018). Aconteceu no momento em que ele entrevista os dois únicos sobreviventes dos 400 mil judeus exterminados no campo de Chelmno, na Polônia, e um deles sorri ao responder às perguntas.

Michael Podchlebnik, um dos sobreviventes do campo de extermínio de judeus em Chelmno, na Polônia, respondia às perguntas que lhe eram feitas, com o auxílio de um intérprete, sempre com um sorriso no rosto. Para mim, sempre atento às expressões emocionais, estava claro que ele estava nervoso, tenso, incomodado por falar daquelas lembranças em frente a uma câmera e, por tudo isso, constrangido.

Com a rispidez que lhe é característica, o diretor Claude Lanzmann, em cima da admissão do sobrevivente do campo de extermínio de que era ruim falar daquele assunto, pergunta: "Por que então você sorri todo o tempo?".

Ao que responde Michael Podchlebnik, com os olhos marejados: "O que quer que eu faça? Chore? Quando se está vivo é melhor sorrir".

• Empatia •

Empatia é a capacidade de sentir o que outra pessoa está sentindo em determinada situação; de sentir o que sentiria se estivesse na situação dela. É uma emoção complexa e fundamental para convivência social construtiva e harmoniosa. O individualismo dificulta o desenvolvimento da empatia. Quando prevalece o lema "Quero é saber de mim! Os outros que se danem", as rivalidades se acentuam, cresce o ódio e constroem-se barreiras cada vez maiores entre as pessoas e os povos.

A empatia engloba três componentes. O primeiro é a empatia emocional: a capacidade de experimentar sentimentos e reações comportamentais de outra pessoa. Um exemplo: o frio na barriga que você sente quando vê seu filho tenso antes de uma apresentação. O segundo é a empatia cognitiva, também chamada de mentalização: a aptidão para pensar e compreender o sentimento de outra pessoa. O terceiro é a preocupação empática ou compaixão: aquela que motiva a fazer algo por uma pessoa que está sofrendo.

Como toda e qualquer emoção humana, a empatia pode atrapalhar se não for modulada. Médicos e bombeiros, por exemplo, se não a minimizarem não conseguirão desempenhar o que se espera deles no cuidado de vítimas, feridos e doentes. Também é sabido que a empatia é mais forte entre membros de um mesmo grupo e menos intensa em relação aos de outros grupos. Esse fato promove o distanciamento entre pessoas se elas não expandirem seus horizontes.

• Simpatia e empatia •

Simpatia pode ser definida como a capacidade que nos permite compreender os sentimentos, emoções e ideias dos outros de maneira espontânea na medida em que estão alinhados com os nossos; em que os nossos são concordantes com eles. Já a empatia é a capacidade de captar, compreender e de se conectar com os sentimentos, as emoções e as ideias dos outros, sem julgá-los, mesmo que discordemos deles.

Quando dizemos que simpatizamos com uma pessoa, estamos dizendo que a julgamos adequada, estamos de acordo com ela e com seu jeito de ser. Quando temos empatia com uma pessoa, significa que somos capazes de escutá-la, prestar atenção às suas emoções e às suas ideias, aceitando-as e respeitando-as mesmo que não concordemos com elas.

Sem empatia, não há possibilidade de comunicação efetiva entre duas pessoas, no sentido de diálogo sincero e honesto que promova transformação. Já a simpatia funciona como facilitadora de interações, mas somente nas que envolvem pessoas com quem já nos entendemos bem.

• Introspecção •

A introspecção, o autoexame da consciência, especificamente dos pensamentos e dos sentimentos, não é tarefa simples que possa ser realizada sem um preparo e uma ambientação (interna e externa) apropriada. Em "Se eu quiser falar com Deus" (1981), na interpretação de Elis Regina (1945-1982), com a intensidade que lhe foi tão característica, Gilberto Gil expressou muito bem o espírito da coisa.

• Dissonância cognitiva •

Dissonância cognitiva é a denominação que se dá ao desconforto que se sente quando se tenta manter duas crenças inconsistentes ao mesmo tempo ou quando se age de maneira contraditória com algo que se acredita ou que se almeja. Um exemplo? Engolir um pedação de bolo de laranja com calda de chocolate durante dieta para emagrecer. Para aliviar o incômodo mental, basta eliminar dissonância. Como? Nesse exemplo que dei, se sabotando ao dizer para si mesmo que a dieta será retomada amanhã.

Embora comumente se pense que a dissonância cognitiva seja algo ruim, até mesmo por ser uma sensação incômoda, na verdade ela mais ajuda do que atrapalha. Sua ocorrência, quando detectada precoce e acertadamente, previne decisões ruins e nos motiva a fazer as boas, mais alinhadas com nossas crenças. O desejo de estar em paz conosco mesmos e com nossas escolhas é um bom guia para fazer o que é melhor para nós.

• Paciência •

Dia desses, atendi uma senhora bastante culta e muito ansiosa. Naquele momento, sua preocupação era com a falta de comprometimento da filha adolescente com o primeiro ano do ensino médio. Conheço a garota. Comentei que ela tinha boa índole, mas era imatura, e que acreditava que no decorrer do curso iria se conscientizar e se aplicar mais. Recomendei paciência. E ela me saiu com esta: "Doutor, eu rezo todo dia. Digo: Senhor, dê-me paciência, mas urgentemente!".

A paciência consiste em saber esperar. Primeiro, para que o problema se manifeste. Em segundo lugar, pela hora de atacar o problema. Ser paciente é ter a maturidade para pensar, programar e fazer no tempo certo para se obter os melhores resultados possíveis da ação necessária.

• Brilho próprio •

Reconhecer as manifestações da sobrecarga de orgulho, inveja, raiva e culpa é o primeiro passo para sua transformação em força motriz de comportamentos mais adequados e promissores. Admitir a existência dessas emoções, transformá-las em sentimentos, entender que seu manejo depende de escolhas diferentes das que têm sido feitas, estabelecer metas realistas, arregaçar as mangas e praticar, nessa ordem, são os passos que levam ao desenvolvimento pessoal.

Não é fácil. Desconfie de quem diz o contrário ou propõe um atalho, mas bem administrar as emoções é perfeitamente possível e também desejável. O resultado é a intensificação do próprio brilho, como canta o Pato Fu em "Um dia do seu sol" (2014).

• Contaminação e infecção •

As emoções, quando desbalanceadas, contaminam nosso ambiente interno (o mundo mental) e contagiam o externo (o das relações interpessoais). Tal contaminação, da mesma forma que quando se trata de uma ferida traumática ou de uma incisão cirúrgica, interfere negativamente no processo normal de cicatrização; de resolução de um problema.

Continuando na analogia entre tumulto emocional e contaminação, é bom saber que quando uma simples contaminação se transforma em infecção as coisas se complicam. No primeiro caso, ainda há um equilíbrio entre as defesas do hospedeiro e o poder de fogo dos agentes patogênicos. Já em ambiente infectado os germes reinam.

Nada como um relato espontâneo de primeira pessoa para revelar alguns fenômenos da nossa vida mental. Uma conhecida, muito ansiosa, deu um bom exemplo de contaminação da atividade mental por emoções intensas. Formulou da seguinte maneira a confusão que experimenta quando dominada por elas: "Vou me enroscando com os mal-entendidos que ocorrem na minha cabeça por causa do meu apavoramento e me atrapalho toda. Parece que tudo o que faço está errado. Aí fico insegura, tentando consertar o que eu nem sei se fiz e deixo de ser eu mesma".

Quer seja uma contaminação, inofensiva em princípio, ou já uma infecção, o procedimento terapêutico é o mesmo: limpeza, curativos especiais e antibióticos. Comparativamente, quando se trata de emoções desbalanceadas, a limpeza equivaleria a autoexame, identificação e isolamento da emoção; os curativos especiais, à psicoterapia; e antibióticos, à medicação específica (caso haja um transtorno mental).

• Emoções e o envelhecimento •

A experiência emocional, a importância das emoções e a habilidade na sua modulação e no seu controle mudam ao longo da vida adulta de uma pessoa saudável. Sabe-se, por exemplo, que, à medida que as pessoas envelhecem, dão mais atenção a acontecimentos emocionantes em geral. Além disso, idosos saudáveis se focam mais em eventos e estímulos positivos do que nos negativos. Afinal, estão mais interessados em aproveitar tanto quanto possível o momento presente do que motivados a amealhar algo para o futuro.

Não apenas mais velhos, mas que nos tornemos mais sábios. É o que esperamos que ocorra com a passagem do tempo. Um dos aspectos da sabedoria é lidar melhor com as próprias emoções. Isso, na prática, se resumiria a participar mais de atividades prazerosas e gratificantes, evitar situações aborrecedoras e incômodas, valorizar o lado positivo dos acontecimentos e manter balanço emocional nas situações difíceis. Fácil? Lógico que não, mas meta alcançável quando nos preocupamos com o desenvolvimento pessoal, deixando de lado o consumismo e o imediatismo, já que se trata de investir em uma tendência natural.

• Emoções e personalidade •

Esta dobradinha contrapõe os planos de compreensão e a análise dos seres humanos: o universal e o particular. As emoções são comuns a todos, enquanto o modo de se lidar com elas varia com o temperamento de cada um. Denomina-se disposição emocional a maneira como cada pessoa experimenta suas emoções características. Alguns pesquisadores, talvez exagerando um pouco, sustentam que ela é tão individualizada quanto a impressão digital.

Personalidade é o padrão de reações e de comportamento de uma pessoa, sua configuração psicológica, sua maneira habitual de ser. Evidentemente, as emoções são parte fundamental dessa formulação. O estudo pioneiro de Lewis Goldberg (1932-), psicólogo estadunidense, depois referendado por centenas de outros, revelou cinco fatores constituintes da personalidade. Com o tempo foram apelidados de "Big Five". São eles: Extroversão, Amabilidade, Escrupulosidade, Neuroticismo e Abertura à experimentação. Importante frisar que eles não são estanques. Seu balanceamento pode ser modificado com empenho e perseverança.

As emoções desempenham importante papel na definição de cada um dos cinco fatores da personalidade. Alegria e satisfação são intrínsecas à Extroversão. O Neuroticismo, às vezes denominado "instabilidade emocional", engloba autopiedade, ansiedade, insegurança e timidez. A Amabilidade tem a ver com amor, compaixão, altruísmo e baixa propensão à raiva. A Escrupulosidade reflete autocontrole, contentamento e amor-próprio. Finalmente, a Abertura à experimentação consiste de reverência, curiosidade e condescendência.

• A ansiedade nossa de cada dia •

Não existe nível zero de ansiedade. Eis aí uma emoção que permeia nossa existência desde o início dos tempos. Uma das maiores forças motrizes da humanidade tem sido justamente a busca do alívio da ansiedade, da calma, do equilíbrio interior e da harmonia na vida social. Uma vez que a ansiedade é uma das nossas emoções fundamentais, ter como meta eliminá-la de nossas vidas é um sonho inalcançável.

A atitude fundamental no manejo da ansiedade é a aceitação. Já que não é possível viver sem ansiedade, o negócio é tentar mantê-la em níveis saudáveis. Com esse objetivo em mente, não há sentido em ficar ansioso porque se está ansioso. A ansiedade não é necessariamente um sinal de que nossa vida está indo mal, mas apenas de que estamos vivos.

• Os cinco motivos pelos quais (inevitavelmente) temos ansiedade •

Somos seres fisicamente muito vulneráveis, um conjunto de sistemas orgânicos frágeis e interligados com uma complexidade ainda hoje não completamente compreendida apesar de todo o avanço científico. A qualquer momento, um de seus inúmeros componentes pode sofrer avaria, parar de funcionar, e nos deixar na mão.

Nunca temos toda a informação que gostaríamos para tomar as decisões mais importantes de nossas vidas. É isso mesmo: nunca. Portanto, sempre haverá alguma dúvida, alguma lacuna, que provocará insegurança. A verdade é que dirigimos pela estrada da vida mais ou menos às cegas.

O distanciamento - às vezes um verdadeiro abismo - entre a vida que levamos e a que gostaríamos de levar está exacerbado nos dias de hoje pela pressa em se atingir o sucesso (sempre um passo à frente) e pela constante inquietação da nossa sociedade midiatizada. Isso gera tensão, que se expressa como ansiedade.

Utilizamos, na construção e na manutenção de nossa autoestima, a opinião dos outros, principalmente das pessoas que julgamos importantes para nós, cujas necessidades, expectativas e filosofia de vida nem sempre se alinham com as nossas. O atrito inevitável entre o que pensamos e o que essas pessoas pensam aumenta a insegurança, que anda de mãos dadas com a ansiedade.

Nossas conquistas, o progresso de nossas carreiras e mesmo a melhora de nossas finanças aumentam a carga de responsabilidade e de preocupações. Não basta conquistar e pronto; estender uma rede e descansar. É necessário trabalhar, mais e mais, para manter o que foi conquistado e adquirido. Se não ficarmos atentos somos engolidos pela roda-viva.

• Emoções familiares •

Não se pode minimizar a contribuição da família no cultivo de emoções que, se não forem identificadas e adequadamente canalizadas, dificultarão a vida. Alguns grupos familiares, por exemplo, são (ou consideram-se) de origem aristocrática e, portanto, naturalmente altivos. Outros, de forma oposta, têm vergonha de sua ascendência humilde e escondem-na, remoendo culpa e inveja ou agindo, de forma defensiva, com arrogância. Outros ainda são patologicamente dominados pela ansiedade.

Dia desses, tarde da noite, recebi um áudio no WhatsApp da mãe de uma paciente dizendo que ela estava "impossível, insuportável, intolerável e que gostaria de interná-la". Segundos depois (não é figura de linguagem nem exagero, pode acreditar, por incrível que pareça), a filha (minha paciente) liga contando que estava sendo "removida para não sei onde por uma equipe do SAMU acionada pela mãe" e me pede ajuda. Em seguida, uma irmã dela faz contato por WhatsApp implorando para que eu ligasse para a mãe e para a outra irmã, argumentando que era eu e somente eu quem poderia tranquilizá-las e orientá-las.

Fiz tudo isso. Falei com a paciente mais de uma vez, com o médico plantonista que a recebeu no pronto-atendimento, com a mãe, com o pai, com a irmã, com a outra irmã, com todos, enfim. Joguei água fria na fervura. Os ânimos se apaziguaram e, em outro momento, fora do contexto, tivemos oportunidade de conversar sobre o ocorrido e o que se fazer para evitar repetições no futuro. Em pleno tumulto não é hora de intervenções definitivas, mas sim tranquilizadoras.

• Preocupação excessiva •

Preocupar-se significa ocupar-se antecipadamente, inquietar-se ou impressionar-se com algo. Quando nos preocupamos excessivamente, empenhamo-nos em prever diferentes significados, em geral catastróficos, para ocorrências corriqueiras. A filha que foi viajar e não mandou mensagem avisando que chegou bem, por exemplo, já é motivo para se pensar que algo horrível aconteceu e como seria difícil suportar a dor causada pela ocorrência imaginada.

O problema da preocupação em si é que ela nos mantém presos em um círculo vicioso. Incapazes de agir racionalmente diante das inúmeras possibilidades de significado de uma ocorrência sentimos nosso bem-estar ameaçado, superestimamos riscos, antecipamos consequências nefastas, perdemos o sono e temos dificuldade de tomar decisões. A preocupação excessiva é característica dos estados de ansiedade.

A ação é um dos antídotos contra a preocupação excessiva. Ao se passar da preocupação para a ação, mudamos de nível – do teórico para o prático. E é nesse último que estão os modos de se enfrentar o problema e até de resolvê-lo satisfatoriamente. A pergunta a ser feita nos momentos de preocupação excessiva para que seja feita a transformação prática é: "o que posso de fato fazer quanto a tal questão?". Dica: não aceite menos que três possibilidades de resposta.

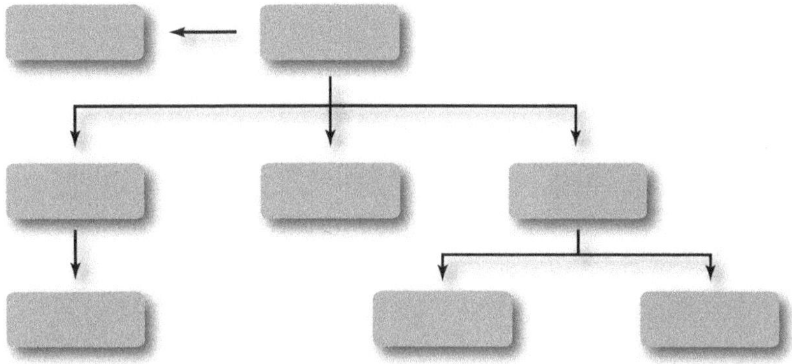

FILOSOFIA

Φ

Filosofar

Todos os dias filosofamos, sem ter consciência disso. Sempre que pensamos, opinamos ou discutimos sobre assuntos complexos (aborto, eutanásia, tortura, terrorismo e direitos humanos, por exemplo) e mesmo sobre questões aparentemente mais simples (Mentir é justificável em algumas situações? Até que ponto certo e errado são relativos? Há limites para a liberdade de expressão?), estamos filosofando.

A compreensão de uma informação, sua contextualização, sua assimilação, sua comunicação e sua defesa num debate; tudo isso envolve filosofia. Ela auxilia a pensar com mais clareza e, por essa via, contribui para o desenvolvimento da argumentação. As ideias e os conceitos ganham em solidez e consistência quando se tem uma base filosófica.

A filosofia é como o tutorial de um jogo ou o manual de instruções de um aparelho qualquer. Provavelmente se conseguirá jogar sem assistir ao tutorial como também mexer no tal aparelho sem ler o manual, mas o aproveitamento será menor do que poderia ser. É perfeitamente possível pensar sem estudar Filosofia, mas com ela na retaguarda a produção racional tem mais qualidade.

Se você se interessa por compreender o mundo, nós mesmos, nosso lugar no mundo, de uma perspectiva ampla, é a filosofia que vai capacitá-lo. Algumas pessoas não ligam muito para essas questões, mas, se para você elas são atraentes, vale a pena ler um livro de introdução à filosofia. Recomendo o *Aprender a viver* (2006), de Luc Ferry, filósofo francês que foi Ministro da Educação da França de 2002 a 2004.

• Realidade e conhecimento •

René Descartes (1596-1650), filósofo racionalista francês, acreditava que a mente humana fosse capaz de explorar a realidade, o mundo externo, pela razão, sem que para isso fosse necessário o uso dos sentidos. O racional seria suficiente para tudo compreender. Sustentava que a razão humana, exclusiva dos seres humanos, seria a maneira para conhecer e explicar as complexidades do mundo.

David Hume (1711-1776), filósofo empirista escocês, ao contrário de Descartes, defendia que a fonte de todo o conhecimento humano provinha dos sentidos, da experiência vivida, que seria posteriormente submetida à razão. Em outras palavras, dizia que a experiência é o grande professor; a base de tudo o que se pode saber sobre o mundo.

Já Immanuel Kant (1724-1804), filósofo alemão, propôs que o conhecimento humano é determinado não somente pelas informações provenientes do mundo externo, mas, sim, das limitações da mente, que incorpora as informações dentro de suas possibilidades. Kant defendia que o mundo em si, como é de fato, não é acessível à mente humana, que faz dele apenas uma representação possível.

Depois de Kant, a filosofia passou a dar mais atenção ao fato de haver uma diferença entre o que o sujeito percebe, a imagem que ele cria de um objeto, e o objeto em si. Esse fenômeno é extremamente importante na prática psicoterápica, cujo objetivo, entre outros, é corrigir distorções da percepção e da interpretação da realidade dos fatos.

• Raciocínio lógico, pensamento crítico, senso comum e bom senso •

Já foi o tempo em que se acreditava que o raciocínio humano seguia regras precisas que conduzissem a conclusões inquestionáveis. Na verdade, o raciocínio lógico é empregado por adultos – por aqueles que desenvolveram essa habilidade intelectual – para sintetizar o que já foi descoberto e se sabe. Na maior parte do tempo, prevalece o senso comum, o pensamento analógico, a aplicação do conjunto de opiniões derivadas da cultura e dos costumes para o encaminhamento de questões atuais que a vida se encarrega de nos apresentar.

O bom senso se distingue do raciocínio lógico e do senso comum. Contrariamente ao que se pensa de pronto, ele é mais complexo, envolve muitos tipos de representações mentais e, por isso, requer uma gama mais vasta de habilidades. Também tem um caráter mais pessoal, já que envolve a aplicação de experiências passadas vivenciadas na condução de circunstâncias de vida atuais semelhantes àquelas.

O pensamento crítico também se distingue dos outros, mas é difícil, senão impossível, dissociá-lo completamente deles, já que é deles que emerge, como se verá. O pensamento crítico é a capacidade de se utilizar da razão para determinar o valor, a importância e a veracidade das informações disponíveis. Envolve também distinguir argumentos racionais de emocionais; reconhecer a limitação das evidências; fazer associações entre os dados; atentar para informações contraditórias, ambíguas e inadequadas; admitir que um problema pode não ter solução simples; evitar conclusões precipitadas; sempre considerar o contexto de uma fala, argumentação ou lembrança; e organizar seu raciocínio (e sua fala e sua escrita) de modo coerente, lógico e coeso.

• Desistir jamais •

Quem acredita sempre alcança. Pode até não ser bem o que se almejava, mas a boa luta, aquela em busca de superação e de realizações, vale a pena. Não desista de seus sonhos, por maiores que sejam os obstáculos. Embora eu não seja mais idealista como já fui um dia, não deixei de acreditar nessa máxima. E considero "Mais uma vez" (1987), do Renato Russo (1960-1996), inspiradora. Não deixe de assistir à versão ao vivo pela banda mineira 14 Bis.

• *Virtù* e fortuna •

Nicolau Maquiavel (1469-1527), em *O príncipe* (1513), sua obra mais conhecida, trata das estratégias para a tomada e a manutenção do poder e do que considera as características e a postura mais promissoras em um líder. Dentre outras, destaca o peso e a importância da *virtù* (em geral traduzida do original como virtude, mas cujo sentido mais correto seria a competência para lidar com as dificuldades) e da fortuna (o acaso, a sorte ou azar da pessoa). A primeira pode ser desenvolvida e aprimorada. Já a segunda, não; se dá à revelia da vontade e das habilidades da pessoa.

Não costuma ser valorizado o fato de que, além de serem fatores importantes na tomada e manutenção do poder, a *virtù* e a fortuna também pesam consideravelmente nos rumos que damos às nossas vidas. Ao enfrentarmos obstáculos previsíveis nos valemos de competências e habilidades adquiridas, de nossa *virtù*. Por sua vez, diante de imprevistos, ocorrências devidas ao acaso, à fortuna, temos de improvisar com criatividade e com o que temos às mãos, com graus variáveis de sucesso.

Não se sabe ao certo se Maquiavel era mesmo maquiavélico (um adjetivo originado de seu nome); se os conselhos que imortalizou em *O príncipe* devem ser levados a sério, ou se a obra não passou de uma descrição mordaz de como eram as coisas no seu tempo. Aliás, é impressionante como a obra é atual e se aplica à atividade política contemporânea. O fato é que *virtù* e fortuna são realidades sempre presentes em nossas vidas, sendo que a primeira pode ser aprimorada com a experiência e o amadurecimento, enquanto a segunda deve ser administrada como se puder.

• O "nós" em cada eu •

O ganhador do Prêmio Nobel de Economia de 1998, Amartya Sen, economista e filósofo indiano, critica o uso de uma única identidade para definir alguém e para isso se vale do conceito de identidades dependentes de contexto. Cada um de nós significa muitos. Eu, por exemplo, sou homem, médico, psiquiatra, brasileiro, filho, irmão, marido, pai etc. Todas essas são identidades legítimas que eu tenho, mas nenhuma delas me define completamente. Cada uma delas, propõe Sen, é um direito humano essencial, e não algo imposto.

Seguindo o raciocínio lúcido e libertador de Amartya Sen, não se deve aceitar rótulos como definidores de quem somos. Uma pessoa pode ser doente mental ou saudável, gay ou hétero, branca ou preta, religiosa ou ateia, de direita ou de esquerda, mas ela sempre será muito mais. É na "totalidade", tanto quanto possível e dermos a conhecer, que devemos ser considerados. Espero que tenha sido claro, pois se já é difícil expressar essa ideia, poderosa arma contra o preconceito desinformado, imagine colocá-la em prática.

• Dúvidas e certezas •

Muito melhor uma certeza, por pior que ela seja, do que cultivar dúvidas. Mais promissor saber que se está doente, por exemplo, o que permitirá algum tipo de tratamento específico e mesmo a possibilidade de cura, do que ficar na dúvida se o que está apresentando é uma doença ou não. Vale mais a luta contra adversários reais do que contra fantasmas.

São poucas as certezas que todos temos. Dentre elas, por exemplo, de que vamos morrer e de que tudo passa – as fases ruins e as boas também. Já as dúvidas abundam; são inerentes à existência. Tolerá-las e conviver com algumas delas faz parte da aceitação da dura realidade de que a vida é permeada pela ambiguidade, pelo equilíbrio dinâmico entre dúvidas e certezas. Essas, aliás, devem ser questionadas sempre.

• Vontade própria? •

Para alguns pensadores não existe vontade própria. Para eles, não é correta a formulação de que ao se desejar algo se dá um comando ao cérebro que, por sua vez, rege o corpo. Pelo contrário, dizem eles, é a vontade que nos domina. Nas palavras de Edgar Morin, filósofo e sociólogo francês, "como uma injunção que brota das profundezas genéticas e chega aos obedientes neurônios".

• Geral, particular e peculiar •

Da filosofia grega clássica (450 a.C.-300 a.C.) deriva a ideia de que existem três níveis de entendimento de uma questão: geral, particular e peculiar (ou idiossincrático). O geral é constituído por um monte de particulares. Os peculiares estão entre os particulares, mas são únicos, ou seja, dois ou mais peculiares não fazem um particular.

A Biologia é uma área de conhecimento geral, a Medicina, por sua vez, é uma área de conhecimento particular dentro dessa teoria geral que se ocupa de um grupo de particulares (pessoas doentes), mas lida com o peculiar, porque cada paciente é único. Entenda bem: os doentes de um grupo de pessoas com a mesma doença terão cada qual sua característica (idiossincrasia ou peculiaridade) e por isso não deverão ser tratados do mesmo jeito.

A prática na Medicina de Grupo (convênios e planos de saúde) como também no SUS é organizada de forma a que não se valorize (e consequentemente não se enxergue nem se identifique) o peculiar dentro de um grupo particular; o doente com seu temperamento e sua constituição em meio às pessoas com o mesmo problema. Isso fica exclusivamente por conta do interesse do médico, pois o sistema não se interessa em absoluto por esses "detalhes".

• Ontem, hoje e amanhã •

Passado, presente e futuro estão intimamente relacionados e são interdependentes. Ambrose Bierce (1842-1913), jornalista e escritor estadunidense de humor corrosivo, assim os define: "O Passado é a parte da eternidade em que fica a pequena parcela da qual temos um leve e lamentável conhecimento; a região dos soluços onde rasteja a memória. O Futuro é o período imaginário em que nossos negócios prosperam, nossos amigos são verdadeiros e nossa felicidade está assegurada; no qual a esperança voa com asas abertas, acenando para templos de sucesso e ilhas de tranquilidade. O Presente é a linha móvel que separa um do outro".

"O futuro começa aqui e agora" (ou seja, no presente) é uma frase até gasta, de tão batida nas palestras motivacionais. Talvez por isso nem seja mais levada a sério e tampouco considerada em sua profundidade. Apesar da clara linha temporal unindo passado, presente e futuro, é no presente que podemos agir, em cima do que aprendemos (no passado) e com vistas a uma vida melhor (no futuro). Regressar ao passado e projetar-se no futuro, quando desmedidamente, são duas maneiras de se recusar o presente e a complexidade que o define.

• Egocentrismo •

Em 2005, o escritor David Foster Wallace (1962-2008) discursou para os formandos da Kenyon College, no estado de Ohio. Foi a única vez em que ele fez um discurso desse tipo, o qual ele iniciou contando uma historieta:

> "Dois peixes jovens nadavam juntos quando cruzaram com um peixe mais velho que nadava em sentido contrário. Ele os cumprimentou dizendo: 'Bom dia, meninos. Como está a água?'.
> Os dois nadaram um pouco mais, até que um olhou para o outro e perguntou: 'Que coisa é essa, água?'."

A mensagem da história dos peixes contada por David Wallace, para quem não a captou, é que muitas vezes as coisas mais óbvias, que estão à nossa volta em toda parte, mesmo sendo importantes, são as mais difíceis de serem percebidas e motivo de conversa. Nos dias de hoje, então, em que o individualismo corre solto, o que não é o umbigo da própria pessoa tem sido pouco valorizado.

O instinto de autopreservação nos habita a todos e se manifesta naturalmente em momentos de aperto. Para não ser dominado por ele fora de contexto, é muito importante cultivar com esforço e disciplina o cuidado com o meio ambiente e com o próximo; o hábito de realizar pequenos gestos pelo outro, repetidamente e todos os dias.

• Limites borrados •

Com o progresso da humanidade, sustentado pelo avanço tecnológico e pela nossa necessidade inata de melhorar nossas vidas, alguns limites já não são mais tão claros. É terapia ou aprimoramento? É tratamento ou prevenção? É necessidade ou desejo? Não dá para negar questões tão importantes. O máximo que se pode fazer é não pensar nelas e deixar a coisa correr para minimizar a angústia que as acompanha. Eu não consigo fazer isso. Penso nelas (e em outras mais) o tempo todo.

• Pacto entre gerações •

Os escritos de Edmund Burke (1729-1797), político e filósofo irlandês, fazem tamanho apelo à valorização de princípios e do bom senso que são respeitados tanto por adeptos da filosofia liberal, que o consideram um dos maiores liberais, quanto por filósofos conservadores, que o têm como o fundador do conservadorismo moderno. O fato é que ele condiciona o avanço da humanidade ao pacto entre gerações.

O pacto entre gerações proposto por Burke implica que nos preocupemos com aqueles que vieram antes de nós, com nossos contemporâneos e com os que chegaram depois ou que estão por vir, respeitando valores e princípios fundamentais de cidadania, civilidade e moral. Ele se contrapõe ao hedonismo, ao individualismo, à supervalorização inconsequente do aqui e agora e ao rompimento radical com as tradições, cujos resultados podem ser trágicos para as gerações futuras.

• Preconceito •

Vem cá, todo preconceito é ruim? Pense bem antes de responder. O dicionário *Aurélio* diz (acepção 2) que preconceito é um "julgamento ou opinião formada sem se levar em conta o fato que os conteste" e, por extensão, "intolerância, ódio irracional ou aversão a outras raças, credos, religiões etc.". Por essa visão restrita, não haveria muita dúvida: todo preconceito não só é ruim como deve ser eliminado.

A primeira definição de *preconceito* no *Aurélio* é "conceito ou opinião formados antecipadamente, sem maior ponderação ou conhecimento dos fatos; ideia preconcebida". Se considerarmos esse sentido mais amplo, nem todo preconceito é necessariamente ruim. Alguns, aliás, são organizadores, fundamentais até, em nossa sociedade.

Religião, história, tradições, convenções sociais e racionalizações em geral estão repletas de ideias preconcebidas, mas organizadoras; reguladoras de comportamentos antissociais. É necessário bom senso para saber quando um preconceito deve ou não ser abandonado. Afinal de contas, as coisas não são sempre em preto e branco como querem alguns, mas, sim, distribuídas em matizes de cinza.

Theodore Dalrymple, psiquiatra e pensador inglês, no livro *Em defesa do preconceito – A necessidade de se ter ideias preconcebidas* (2007), surpreende, perturba e força uma revisão de algumas "certezas" nossas de cada dia. Às vezes, é difícil aceitar as proposições de Dalrymple, mas é impossível ignorá-las. Ele diz que preconceitos não compõem apenas a base de boa parte da insensatez humana; compreendem também grande parte da sua sabedoria. Vale a pena ler.

Sem dúvida muitos preconceitos são danosos, cruéis, estúpidos e até mesmo malignos, mas isso não significa que possamos viver sem preconceitos (no sentido de conhecimento prévio, crenças herdadas e padrões de conduta). A meta de extirpar de nossas mentes todo e qualquer preconceito, além de inalcançável, pode afetar nossos julgamentos de maneira funesta. É necessário confiança e discernimento para examinarmos nossas convicções de tempos em tempos. É preciso também humildade para reconhecermos que o mundo não começou conosco e que a sabedoria acumulada deve ser levada em conta.

O raciocínio a seguir, denominado *silogismo*, parte de duas proposições e permite uma conclusão que captura bem a real situação humana:

- A distinção entre o bem e o mal é, ao mesmo tempo, inevitável e necessária para o exercício da virtude.
- A distinção entre o bem e o mal se baseia em preconceito (no sentido de crenças herdadas e conhecimento prévio).
- Portanto, o preconceito é necessário para o exercício da virtude.

• Vivendo e aprendendo •

Viver é aprender, mas o aprendizado é mais difícil depois de adultos. Isso porque nós, adultos, demonstramos uma certa resistência a mudanças, principalmente a de conceitos. Aprendizagem significa transformação; algo que pode colocar em perigo toda a nossa estrutura de crenças, nossos paradigmas, as coisas que dão sentido à nossa existência, enfim. Se aprender supõe trair nossas convicções, resistiremos ativamente a fazê-lo, lançando mão de todo tipo de desculpas e explicações.

A vida é um processo de aprendizagem constante. O conhecimento novo, que não nos obriga a modificar nosso sistema de crenças, que está alinhado e complementa o que já sabemos, é incorporado com relativa facilidade. Mas acabamos engolindo em seco quando algo nos obriga a questionar nossos valores e nossa filosofia de vida. É o caso de um paciente *workaholic*, viciado em trabalho, que não teve como não rever seu ritmo de vida depois de ter tido um infarto.

Se considerarmos a vida como um caminho de descobrimento e crescimento pessoal, fica claro que dela faz parte o aprendizado contínuo. Para que ele ocorra de fato, entretanto, são necessários: 1) aceitação das nossas limitações, dificuldades e ignorância; e 2) humildade para reconhecer que é possível aprender algo com qualquer pessoa que cruze nosso caminho.

Existem dois clássicos dificultadores do aprendizado possível na vida, que, no mínimo, o retardam: 1) a confusão entre informação, hoje em dia tão acessível, e conhecimento verdadeiro; e 2) a repetição insistente de que não se tem tempo. Esse último, na verdade, nada mais é do que um sinal claro de que a aquisição de novos conceitos e novas visões de mundo não é prioridade para aquela pessoa.

• Falácias •

Falácias são argumentos aparentemente válidos, mas desvirtuados, expressos de má-fé, propositalmente, com vistas a enganar e induzir o interlocutor ou o público ao erro. São afirmações falsas e espúrias travestidas de sérias e profundas. Recomendo a leitura de *O livro ilustrado dos maus argumentos* (2017) a quem quiser se vacinar contra esse mal, tão presente nas redes sociais.

• Informação e contexto •

Não há como apreender uma informação corretamente e na sua totalidade se ela estiver desvinculada de um contexto. O resultado da percepção de um estímulo seguida de sua interpretação depende muito do todo em que ele está inserido.

O modo como um estímulo (uma palavra, uma nota musical, o peso, a distância, uma frase de um diálogo) é percebido depende completamente do âmbito, das relações e dos contrastes. Portanto, a percepção e a interpretação dos estímulos são relativas. Se você erguer uma mala muito pesada e depois, com a mesma mão, erguer outra mais leve, esta lhe parecerá muito mais leve do que lhe pareceria se a tivesse erguido antes da mais pesada.

Não existe área da experiência humana em que a dinâmica entre informação e contexto não seja decisiva. Um médico, por exemplo, julga um sintoma à luz do contexto. Perda de peso em um idoso será interpretada indício de tumor enquanto, em uma mocinha, pode ser sinal de anorexia. O mesmo fenômeno se observa com palavras. Elas só podem ser realmente entendidas dentro do texto em que se inserem. Do contrário, retirada do todo (tal como aparecem num dicionário), deixarão de ter valor unívoco. Isso vale também para frases inteiras.

Até o silêncio adquire um significado próprio de acordo com o contexto. Pode ser sinal de admiração, embaraço, desconforto, reflexão, dor, respeito, medo, rebeldia, ódio, desprezo e muito mais. O mesmo vale para o sorriso (que pode expressar alegria, constrangimento, raiva e nervosismo) e para o choro (expressão de alegria, dor, tristeza, medo, nervosismo, raiva, desgosto, saudade e remorso).

• Objetivo, subjetivo e universal •

Toda experiência humana é sempre subjetiva. Isso é assim pelo fato de que nosso cérebro constrói as imagens que acreditamos perceber, dando a elas um sentido. Mas, então, você poderá perguntar: Não existe nada que seja objetivo? Não é possível descrever coisa alguma de modo verdadeiro, imparcial, desapaixonado ou simplesmente independente de um ponto de vista? E a resposta é: exatamente. Isso não é possível.

Entre a objetividade e a subjetividade existe a universalidade, uma terceira via quase nunca levada em conta pelo senso comum. Significa que os conhecimentos humanos, mesmo não sendo objetivos no sentido estrito, podem ser considerados universais, ou seja, comuns a todos os homens de todos os lugares e de todos os tempos.

Nosso conhecimento não pode ser considerado verdadeiro em termos absolutos, mas apenas válido, isto é, pode ser compartilhado entre nossos semelhantes. Ubaldo Nicola, italiano e professor de Filosofia e História, em *Parece mas não é* (2007) relata essa e outras "realidades" que testam a nossa perspicácia e auxiliam na difícil tarefa de corretamente questionar e duvidar das coisas.

• As formas de jogar o jogo •

Silvia Guarnieri e Miriam Ortiz de Zárate, coaches espanholas de renome internacional, escrevem, em *No es lo mismo* (2010), que são quatro as formas de jogar o jogo; de se comportar nas disputas e impasses próprios das relações humanas: jogar para ganhar, jogar para não perder, jogar para perder e não jogar.

Quando se joga para ganhar, os objetivos do jogo estão bem -alinhados com as necessidades de quem joga; as estratégias e as regras estão a serviço do propósito desejado, de modo que se seja capaz de fazer as adaptações e mudanças necessárias para alcançar os objetivos. Nessa forma de jogo, atua-se de maneira proativa, adiantando-se aos acontecimentos ou mesmo os provocando. Não se espera que as coisas simplesmente aconteçam.

O jogar para não perder é regido pelo medo. Os objetivos, as estratégias e as regras são ditadas pelo medo de perder o que se tem. O propósito do jogo, desse modo, é que nada mude, que as coisas continuem como estão. A estratégia é a inação ou, quando muito, a reação de correr atrás para reverter o prejuízo.

Pode parecer estranho, mas às vezes se joga para perder. Isso se dá quando se está mais preocupado com ter sempre razão e passar por vítima das circunstâncias do que com atingir os objetivos e arcar com as responsabilidades inerentes a eles.

Quando se opta por não jogar, o que de fato se está fazendo é jogar outro jogo, diferente. É uma opção válida quando não se concorda com as regras do jogo. Consiste em sair de campo. Muitas vezes, entretanto, mesmo porque em geral as regras são claras para todos, o que ocorre é que quem abandona passa por rebelde e tenta influenciar os outros jogadores para que o acompanhem no seu movimento revolucionário.

No epílogo do livro, Guarnieri e Zárate concluem que todas as formas de jogar o jogo são legítimas e seriam mais ou menos adequadas dependendo da situação. A ideia é eleger que jogo jogar nos diferentes momentos da vida, observando nossas estratégias e as dos demais jogadores.

• Raciocínio dedutivo e indutivo •

A dedução ou argumento dedutivo implica que a partir de premissas verdadeiras derivará, pela lógica, uma conclusão verdadeira. O exemplo mais clássico é o seguinte: "Todos os homens são mortais. Sócrates é homem. Portanto, Sócrates é mortal". Diz-se que o argumento dedutivo se desenvolve de cima para baixo, das premissas às conclusões.

No caso do raciocínio ou argumento indutivo, se as premissas são verdadeiras, então é provável que a conclusão também seja verdadeira, mas, diferentemente do raciocínio dedutivo, não há certeza. No argumento indutivo, a conclusão não é derivada das premissas pela lógica, mas, sim, por probabilidade. Um exemplo? Ei-lo: "Examino um, dois, três, mil, cinco mil corvos e eles todos são pretos. Então, a cor do corvo é preta".

O raciocínio dedutivo busca ser válido e sólido. Será válido se sua conclusão decorre das premissas e sólido se for válido e se suas premissas forem verdadeiras. Nem sempre isso acontece. O argumento dedutivo, lógico por excelência e por isso bastante convincente, pode não ter coerência interna. Isso significa que as premissas não se relacionam como parecem e não permitem a conclusão.

Um exemplo de raciocínio dedutivo enganoso: "Algumas mulheres que fizeram aborto desenvolvem sentimento de culpa. Psiquiatras dizem que o sentimento de culpa pode causar transtornos mentais. Portanto, está demonstrado que o aborto pode causar transtornos mentais". As premissas são verdadeiras, mas não têm a relação causal que o autor da ideia pretende que tenham.

O argumento indutivo pretende ser forte e cogente. Ele é tão forte quanto suas premissas são verdadeiras, aumentando a probabilidade de que a conclusão seja verdadeira. É cogente se for forte e as premissas forem verdadeiras de acordo com evidências verificáveis. O raciocínio indutivo se baseia em probabilidades. Por isso, sempre traz implícito de que é válido salvo eventuais desmentidos surgidos por novas experiências.

É importante, em tempos de internet e do volume de informações que ela proporciona, saber discernir raciocínios dedutivos e indutivos bem-feitos dos que não passam de tentativas de enganar e confundir, abundantes nas falas de políticos mais interessados em salvar seus bens e sua pele do que no que é melhor para o Brasil.

Um exemplo de engodo, de uso de raciocínio lógico para confundir, é o de que a reforma da previdência, absolutamente necessária para que o país não entrasse em colapso econômico, significaria cortar aposentadorias e benefícios dos desfavorecidos, justamente os que seriam penalizados se ela não for aprovada.

• Aprender a pensar •

Em 1956, um comitê liderado pelo psicólogo educacional estadunidense Benjamin Bloom (1913-1999) apresentou uma proposta para promover modos mais sofisticados de pensamento no processo de educação. Ela ficou conhecida como a "Taxonomia de Bloom" e contém três categorias de atividades educacionais ou de aprendizado: cognitiva (conhecimento), afetiva (atitude, valores e sentimentos) e psicomotora (coordenação e habilidades motoras), com objetivos e métodos distintos, mas relacionados.

A área cognitiva da classificação de Bloom é a que envolve a aquisição de conhecimento e o desenvolvimento de habilidades intelectuais. Ela possui seis níveis, de complexidade crescente: lembrar-se (repetir o que foi ensinado), compreender, aplicar, analisar, avaliar e criar. É necessário dominar os mais básicos para avançar para o nível seguinte. Se o objetivo é desenvolver o raciocínio completo e autônomo, todos os níveis devem ser explorados. Do contrário, se a sequência é interrompida nos níveis básicos, o que se faz é enganação, ou, pior, doutrinação.

• Um livro perturbador •

A leitura do livro *Homo deus – Uma breve história do amanhã* (2015) me perturbou. O autor é Yuval Noah Harari, historiador israelense. Em *Sapiens – Uma breve história da humanidade* (2011), seu livro anterior, ele descreve a trajetória dos seres humanos desde o seu surgimento até os dias de hoje, de maneira para mim inédita e instigante. Em *Homo deus*, ele faz uma previsão do que está por vir. E, reconheço, fiquei assustado. Lógico que as ideias que ele apresenta são questionáveis, mas não se pode dizer que sejam descabidas.

Em *Homo deus*, Harari diz que no decorrer do século XX nós resolvemos os três grandes males da humanidade até então (fome, pestes e guerras). Sendo assim, os desafios para o século XXI serão outros. Segundo ele, agora as metas são o aumento da longevidade, a busca da felicidade e, por último, a ascensão à categoria de deuses, de super-humanos, com o desenvolvimento da inteligência artificial e da robótica. Os possíveis efeitos colaterais dessas atividades são bastante impressionantes.

• Estímulo e motivação •

Mario Sergio Cortella, filósofo, escritor e educador, explica, no livro *Por que fazemos o que fazemos?* (2016), que não se deve confundir motivação com estímulo. Você pode incentivar alguém a fazer alguma coisa, mas não é possível obrigar uma pessoa a realizar algo que deveria ser feito por iniciativa dela própria. A motivação necessariamente parte do sujeito; é intrínseca. Fazendo um jogo de palavras, pode-se até falar que a motivação é o estímulo interno, enquanto o estímulo é a motivação externa, mas são claramente duas coisas distintas quando se considera sua origem.

• Em busca do conhecimento •

Karl Popper (1902-1994), filósofo da ciência austríaco naturalizado britânico, em conferência realizada na Academia Britânica de Filosofia em 20 de janeiro de 1960, sintetizou em dez tópicos o resultado de sua reflexão acerca da busca de conhecimento. No primeiro deles afirma que não há fontes que sejam plenamente suficientes; que todas devem ser bem recebidas e cada uma delas, cada sugestão, deve ser examinada criticamente. Não foi à toa que ele começou por esse ponto. Ele sabia que a visão estreitada por preconceitos é sempre limitada.

Tão ou até mais importante do que as fontes utilizadas na busca de informações é a premissa inicial, a hipótese de trabalho. Na verdade, é ela que guia a escolha das fontes, dentre as várias disponíveis. Quanto mais próxima uma teoria estiver da realidade dos fatos, mais promissora ela será. À medida que vai sendo explorada revelará ou não sua pertinência. Muitas teorias foram descartadas por não terem se sustentado à luz de novas evidências. Um exemplo? A crença predominante até o século XV de que a Terra era o centro do universo, com os corpos celestes, inclusive o sol, girando em torno dela.

Para a testagem de uma hipótese, todos os tipos de argumentos devem ser considerados relevantes. O procedimento padrão é analisar com método e minúcia se nossa teoria condiz com nossas observações da realidade e sempre se preocupar com a consistência de nossas fontes históricas.

A tradição é, de longe, a fonte de informação e conhecimento mais importante. A maioria das coisas que sabemos é derivada de exemplos, leituras, aulas e explicações que nos deram. Quando faz parte da tradição de uma sociedade ensinar o valor das críticas, a importância de saber lidar com críticas e o respeito à verdade, as pessoas que a compõem são mais bem formadas e preparadas para contribuir para o progresso da humanidade.

O fato de a tradição ser a maior fonte de nosso conhecimento torna o antitradicionalismo, a luta contra os hábitos e os costumes sem uma boa fundamentação, apenas por rebeldia, um exercício de futilidade. Por sua vez, a busca de conhecimento exige que cada peça da cultura tradicional seja examinada de maneira crítica e possa ser substituída por outra mais condizente com dados obtidos de pesquisas com novas tecnologias e com a demanda da sociedade em constante transformação.

O conhecimento não surge do nada e nem da simples observação, desprovida de método ou foco. Seu avanço consiste, principalmente, na modificação de conhecimento prévio. O significado de uma descoberta a respeito de um assunto qualquer sempre dependerá do seu impacto transformador das teorias já existentes sobre determinado assunto.

Clareza e precisão não são pré-requisitos da verdade, mas obscuridade e confusão em geral sugerem erro e tentativa de enrolação. Na mesma linha, coerência não necessariamente significa verdade, mas incoerência e inconsistência são características de erro ou falsidade. O reconhecimento dos erros funciona como uma placa de sentido proibido sinalizando a necessidade de mudança de rumo.

Nem a observação nem a razão, por mais aguçadas que sejam, dão autoridade para se sustentar uma ideia como verdadeira. Intuição e imaginação talvez sejam até mais importantes, porém não são confiáveis. A função mais importante de todas essas habilidades – observação, razão, intuição e imaginação – é justamente auxiliar no exame crítico de conjecturas, o meio pelo qual sondamos o desconhecido.

A clareza é valiosa por si só, mas, na construção de conhecimento, exatidão e precisão nem tanto. Não há sentido em se tentar ser mais preciso do que o problema exige. A necessidade de nos expressarmos por palavras, cujo significado nem sempre corresponde exatamente ao que queremos dizer, é um problema constante na formulação e na expressão de ideias. Por isso, para facilitar a comunicação, é válido e aconselhável se valer de metáforas ou analogias para ilustrar o que se pensa em vez de insistir na procura da palavra perfeita.

Cada problema solucionado origina problemas novos, que também exigirão solução. Quanto mais complexo o problema original, mais imbricado o encaminhamento dos problemas que decorrerão da resolução dele. Quanto mais sabemos sobre o mundo, e quanto mais profundo, específico e articulado é o nosso conhecimento, mais conscientes ficamos do que não sabemos; maior o nosso conhecimento da nossa ignorância.

• Tipos de conhecimento •

Há dois tipos de conhecimento: especial e geral (ou, como dito por alguns, mundano). O primeiro, associado aos intelectuais, costuma ser mais valorizado e ter mais prestígio social. Isso não quer dizer, entretanto, de modo algum, que seja mais importante ou significativo em seus efeitos no mundo real que o segundo.

Friedrich Hayek (1899-1992), filósofo e economista austríaco, considerava que conhecimento é o conjunto de todas as adaptações humanas ao meio ambiente, nas quais a experiência pretérita foi incorporada, valorizando assim tanto o conhecimento mundano quanto o especial. Mais até o primeiro do que o segundo.

Quando ambos os tipos de conhecimento – mundano e especial – são contemplados e tidos como o conhecimento genuíno, torna-se impossível que alguém, mesmo a pessoa mais culta do planeta, possua sequer uma pequena fração do volume acumulado que isso representa ou mesmo uma pequena fração do conhecimento mais significativo de uma sociedade qualquer.

Se ninguém tem nem sequer 1% de todo conhecimento disponível, a imposição, de cima para baixo, de noções estimadas por intelectuais, convencidos de que o seu saber especial os torna melhores do que os outros seres humanos, detentores de reles conhecimento mundano, é a fórmula certa para dar errado.

Ninguém detém nem 1% do conhecimento disponível atualmente, então é imperativo que os outros 99%, espalhados em pequenas e insignificantes quantidades individuais entre as pessoas em geral, sejam levados em conta. Esse é o motivo pelo qual o livre mercado, as normas judiciais consagradas e a confiança nas tradições baseadas na experiência de muitos são tão importantes.

• O alicerce e a construção •

René Descartes (1596-1650) admitiu, logo no início de *Meditações sobre filosofia primeira* (1641), que aceitara muitas coisas falsas como verdades desde a infância e era muito duvidoso o que depois construíra sobre elas. Ao fazer isso, expressou uma dura realidade da condição humana: a constante necessidade de adaptar-se e de administrar como puder a validade do que se aprendeu e dos desenvolvimentos que se fez. Haveria uma maneira de tirar proveito maior dessa ocorrência, às vezes tão sofrida? Acredito que sim. O filósofo francês mostrou com quais ferramentas: interesse, humildade, método e dedicação.

O conhecimento evolui, as regras sociais mudam e o caldo cultural em que estamos imersos vai incorporando as novidades. Como conciliar esse avanço com as informações recebidas durante os anos de formação? Como saber quais ainda são válidas e as que ficaram ultrapassadas? Simples (em tese), mas complicado (na prática): atualizar-se regularmente. Para isso é necessário ter consciência do fenômeno, humildade para reconhecê-lo, boas fontes, disposição e persistência.

De tempos em tempos é necessária uma revisão da nossa fundação, tanto para sua manutenção quanto para se assegurar de que a construção que cresce sobre ela pode prosseguir com segurança. E mais, que ela comportará as inevitáveis reformas de pavimentos já estruturados, cuja utilidade e funcionalidade dependem de adaptações e ajustes.

• Liberdade •

Por definição, liberdade é independência, autonomia; a faculdade de cada um se decidir ou agir conforme sua determinação. Mas em que medida isso é de fato possível? A liberdade de uma pessoa acaba quando invade a de outra. A vida em sociedade implica limitações da liberdade pessoal. Do contrário, ela não teria bom êxito. Sendo assim, até que ponto somos verdadeiramente livres? Eis aí uma das questões fundamentais da filosofia existencial.

Na peça *Sem saída* (1944), de Jean-Paul Sartre (1905-1980), filósofo francês, três personagens conversam no inferno sobre si e situações que viveram. Um deles é Garcin, jornalista sempre preocupado que os outros o vejam como covarde, sendo que, para ele, lhe faltara oportunidade para demonstrar sua coragem. Em uma de suas falas, Garcin diz que o "o inferno são os outros". Para os existencialistas, corrente filosófica da qual Sartre foi grande expoente, a liberdade é o que há de mais importante e a presença do outro atrapalha porque a limita. Ao fazê-lo, contribui para aumentar a angústia, outro tema recorrente no Existencialismo.

• Os três grandes mistérios •

Por milênios as maiores mentes da humanidade tentam desvendar três grandes mistérios – a consciência, o livre-arbítrio e Deus – sem sucesso. E isso não porque não sejamos espertos o suficiente para resolvê-los, mas, sim, por conta de como são concebidos na linguagem; de seu significado intrínseco.

A dificuldade aparentemente insolúvel do entendimento da consciência se deve à experiência qualitativa única que ela implica: subjetiva, em primeira pessoa, resultante da visão de mundo mediada pelo cérebro do organismo. Por definição, somente eu sou capaz de saber como é ser eu. Essa regra vale para você que está lendo este texto, como também para os outros seres vivos.

Em que medida somos realmente livres para decidir o que fazer, que rumos dar às nossas vidas? O conceito de livre-arbítrio deriva da resposta a essa pergunta. Não somos apenas blocos de matéria inerte movimentados por forças da natureza, mas, sim, agentes ativos que fazem parte de um universo regido por leis fundamentais de causa e efeito, tanto determinadas pelas nossas escolhas quanto delas determinantes.

Se o Criador do universo é sobrenatural – paira acima do espaço, do tempo e das leis naturais – então, por definição, Ele não pode ser compreendido, muito menos explicado, pela abordagem científica. No entanto, se Ele é parte do nosso mundo e de alguma forma interfere nele – realizando milagres, por exemplo –, seria possível quantificar tais acontecimentos, algo que até hoje não foi realizado de modo cientificamente satisfatório.

• Ter ou Ser •

Em 1976, o psicanalista estadunidense Erich Fromm (1900-1980) publicou *Ter ou Ser*, livro no qual discorreu sobre uma mudança de comportamento social na direção de se valorizar mais o Ter do que o Ser. O Ter se tornou o objetivo supremo, a ponto de até parecer normal que para sermos felizes necessitemos possuir coisas. De lá para cá essa mudança de rumo se consolidou e a situação atingiu proporções inéditas.

Vivemos um período em que o tempo do Ser cedeu espaço para o domínio do Ter. O culto a princípios morais e a preocupação com o desenvolvimento pessoal para se tornar um ser humano melhor deram lugar à busca incansável por mais e mais bens materiais. O desequilíbrio está instalado. E causa sofrimento, frustração e adoecimento.

Ter ou Ser? O que é mais importante para você? Quanto ao Ser, lembre-se: você é o que é, sempre podendo melhorar. Pode também degenerar, sem dúvida, ou nunca ter sido e apenas se revelar. Quanto ao Ter, é bom saber que o que você realmente tem é o que tem menos o que deve.

• O todo e as partes •

Marco Polo descreve uma ponte, pedra por pedra.

> "'Mas qual é a pedra que sustenta a ponte?', pergunta Kublai Khan.
> 'A ponte não é sustentada por esta ou aquela pedra', responde Marco, 'mas pela curva do arco que estas formam'.
> Kublai Khan permanece em silêncio, refletindo. Depois acrescenta: 'Por que falar das pedras? Só o arco me interessa'.
> Polo responde: 'Sem pedras o arco não existe'."

Esse diálogo de *As cidades invisíveis* (2017), do escritor italiano Ítalo Calvino (1923-1985), expressa bem a relação íntima e indissociável de um todo com suas partes e vice-versa.

Um dos erros frequentes de entendimento da relação do todo com suas partes é a *composição*. Ela ocorre quando algo que é verdadeiro para as partes é transposto para o todo. Seria o caso, por exemplo, de assumir que porque os capítulos de um romance foram redigidos pelos melhores escritores da atualidade, ele seria muito bom. Esse é o engano: o que é válido para as partes nem sempre se aplica ao todo. No caso em questão, o romance poderia pecar por falta de coesão de estilo.

Outra confusão possível quando se pensa sobre o todo e suas partes é a *divisão*, um erro de interpretação que ocorre quando algo que é válido para o todo é assumido como verdadeiro para as partes. Seria o caso, por exemplo, de dizer que porque a Universidade de São Paulo é uma das melhores do país, todos os seus professores são os melhores do país, o que não é verdadeiro. O que é válido para o todo nem sempre é verdadeiro para as partes.

Quer seja uma ponte, um edifício, quer seja uma família, um grupo de psicoterapia, um partido político ou um departamento de uma empresa, o todo é mais do que a simples soma das partes, mas depende delas e de suas propriedades intrínsecas para se constituir e ter um sentido. Lembrando que a soma das partes implica acréscimos ou decréscimos, fato que não costuma ser percebido de pronto. Se uma parte é positiva e a outra negativa, o resultado não é 1 + 1 = 2, e sim 1 + (-1) = 0.

ASSUNTOS DIVERSOS

• Senso comum e pensamento científico •

Senso comum é a denominação que se dá às opiniões geralmente aceitas como verdades, sem maiores questionamentos, por serem derivadas da tradição de determinada época, local ou grupo social. O pensamento científico, o uso da razão para conhecer, avaliar, compreender e avaliar as evidências, por sua vez, é mais complexo. O primeiro resulta de análise rápida, linear (uma causa = um efeito) e superficial das coisas. O segundo é mais aprofundado, abrangente, multifacetado (um efeito pode ser decorrente de causas múltiplas) e, necessariamente, mais lento.

Daniel Kahneman (1934-), psicólogo israelense/estadunidense ganhador do prêmio Nobel de Economia em 2002, denominou pensamento tipo 1 o que utilizamos como padrão – automático, intuitivo, rápido – e que não demanda grande esforço mental. Seu contraponto é o pensamento tipo 2, mais lento porque envolve o processamento de mais dados analisados de diversas perspectivas. O uso preferencial do pensamento tipo 1 faz todo sentido do ponto de vista evolutivo. Por seu intermédio, os problemas são abordados de modo simples e rápido, preservando capacidade cognitiva para a realização de outras tarefas.

O funcionamento pelo senso comum, que aceita como válidas e sem maiores questionamentos algumas afirmações em virtude de sua lógica simples e aparente, se vale do pensamento tipo 1, automático e intuitivo. Já a compreensão de evidências pelo pensamento científico é uma habilidade adquirida mais recentemente do ponto de vista evolutivo e envolve o processamento cognitivo tipo 2, mais complexo e trabalhoso. Por essa razão, mesmo quando o pensamento científico seria a abordagem mais adequada, prevalece nossa propensão para utilização do senso comum, que consome menos energia mental.

A proposição de que existem dois tipos de pensamento, com bases cerebrais distintas, um que envolve menos e outro que exige mais atividade cognitiva, facilita o entendimento das razões pelas quais o senso comum prevalece sobre o rigor científico. O menor esforço, a preservação de energia mental e a rapidez no encaminhamento das questões são algumas delas. Também porque muitas pessoas não conhecem as regras do pensamento científico. Felizmente, elas podem ser aprendidas e aprimoradas com a prática, de modo a que sua utilização seja mais natural.

As pessoas são ávidas por respostas. Quanto mais ignorantes e confusas, mais se valem do senso comum e mais confiança têm nas suas afirmações. O verdadeiro cientista, que utiliza o pensamento científico mais refinado, difere da pessoa comum na profundidade, abrangência, precisão e desconfiança das explicações que produz para os fenômenos que observa, como também na predisposição para revisá-las à luz de novas evidências.

O pensamento tipo 1 – automático, intuitivo e superficial – é o que está por trás do julgamento pelo senso comum, justamente o que embasa os preconceitos. Observem que, se analisadas com um pouco mais de rigor (pelo pensamento tipo 2), afirmações como "todo psiquiatra é louco", "doentes mentais são perigosos", "manga com leite faz mal", "a mulher não deve lavar o cabelo quando menstruada" e "se não fizer bem, mal não faz" não se sustentam.

• Aforismo e tuíte •

Aforismo é um pensamento compacto, sólido, coerente e sistemático que expressa uma ideia de modo claro, conciso e bem delineado. É uma frase que resume em poucas palavras o resultado de reflexões prévias cuidadosamente refinadas. Muitos autores, em várias épocas, se dedicaram à arte da elaboração de aforismos. Hipócrates (460 a.C.--370 a.C.), considerado o pai da Medicina, escreveu vários. "Triste é o discípulo que não se adianta ao seu mestre" é um exemplo. "Toda convicção decorre dos sentimentos" é outro.

Domenico De Masi, sociólogo italiano, explica, em *Alfabeto da sociedade desorientada* (2015), que houve um tempo em que o aforismo permitia a transmissão de conhecimento em via de mão única – do sábio ao ignorante – como um saber com credibilidade de fonte. Hoje em dia, pelos 140 caracteres de um tuíte são expressas opiniões de todos os tipos, a maior parte delas escrita sem maiores conjecturas, e muitas aceitas sem crítica pelos seguidores. O tuíte é o aforismo corrompido e deteriorado.

• Fala que eu escuto •

Digo para meus pacientes que, quanto mais eles se queixam ou falam de seus problemas, mais seus interlocutores - muitas vezes bem-intencionados, é bom que se ressalte - se sentem no direito ou mesmo no dever de opinar e/ou aconselhar.

O bom amigo é aquele que escuta, que não fala se não houver mesmo muita necessidade, se não tiver certeza do que está dizendo e se não considerar o momento oportuno. Essa também é a atitude de um bom psicoterapeuta. A música "Fala", dos Secos e Molhados, lançada em 1973, traz a pura essência dessa habilidade (escutar). Vale a pena conferir a regravação que Ney Matogrosso fez dela, registrada ao vivo, em 2010.

• Lágrimas na chuva •

No filme *Blade runner* (1982), de Ridley Scott, o androide Roy Batty, na agonia da morte, relembra sua passagem por lugares remotos do Universo: "Eu vi coisas que vocês humanos não acreditariam. Naves de ataque em chamas perto da borda de Orion. Vi raios cósmicos cintilarem na escuridão junto do Portão Tannhäuser. Todos esses momentos se perderão no tempo como lágrimas na chuva". Não deixe de contar suas histórias, de passá-las adiante. Dessa maneira, dificultará que elas se percam no tempo.

Lágrimas na chuva é o título de um livro do premiado escritor gaúcho Sérgio Faraco, publicado em 2002. Nessa obra ele relata suas memórias do período (1963-1965) em que passou na então URSS. É um livro muito bem-escrito por um grande narrador, que emociona e ensina.

Para que vivências pessoais não se percam como lágrimas na chuva, projetos como o *The Moth* (A Mariposa, em português) são extremamente importantes. Trata-se de uma organização sem fins lucrativos, sediada em Nova York, dedicada ao engenho e à arte de contar histórias. Seus programas já disponibilizaram a apresentação de mais de 20 mil histórias, contadas ao vivo e sem roteiro prévio, para plateias superlotadas do mundo todo. O livro *Tudo o que é belo* (2017) reúne pequena amostra delas, algumas joviais e divertidas e outras impressionantes. Vale muito a pena ler.

• O progresso e o tempo •

De nada adianta o propósito de mudança se não houver para isso o tempo mínimo necessário. Para alguém ler, aprender e assimilar é preciso "parar quieto", manter o foco por determinado período.

É notável que as pessoas disponham de tempo e energia para fazer um curso de línguas ou frequentar uma academia, por exemplo, e tenham dificuldade para entender que para se desenvolverem como seres humanos também precisam de tempo, frequência mínima nas atividades, perseverança e disciplina.

O tempo é um dos ingredientes fundamentais da solução de problemas. Sem tempo tudo fica mais difícil. Mas somente a passagem do tempo não resolve muita coisa, e sim o que se faz enquanto ele passa. A banda Jota Quest, em "Dias melhores" (2000), canta a espera pelo dia em que seremos melhores em tudo. Esse dia sem dúvida chegará, mas somente se fizermos por onde.

• Acabou? •

Na imensa maioria dos casos, a responsabilidade do término de uma relação é compartilhada de forma igualitária. Se existe diferença, ela é de pequena margem, ou seja, se a proporção não for 50/50 é, quando muito, 48/52. Existem, porém, exceções. Em alguns casais, a conduta de um dos cônjuges é claramente mais disfuncional. É o que canta com muita convicção Paula Fernandes em "Não fui eu" (2013).

O término de um relacionamento deixa marcas, mas algumas são feitas propositalmente durante o convívio. Nesses casos o trabalho de faxina é duplo – emocional e epitelial. Marjorie Estiano, cantora, compositora e atriz, narra essa situação de maneira bem-humorada em "Tatuagem" (2007).

Um caso extraconjugal é motivo frequente para término de relacionamentos. A meu ver, a traição é um sintoma – tardio – de que as coisas já não vinham bem. O que muitos homens parecem não se dar conta é de que não só eles ficam insatisfeitos e tentados a um envolvimento com outra pessoa. Wanessa Camargo relata esse fato em "Culpada" (2005).

Com o auxílio de um bom terapeuta de casal, o encaminhamento de uma crise conjugal em busca de seu arremate – que tanto pode ser a continuidade da relação (pela superação da crise) quanto o seu término –, é feito com vistas ao que parece melhor (ou menos pior) para os envolvidos, de maneira madura e ponderada.

• Mente sã em corpo são •

Na minha especialidade a mente é o foco, mas todos sabemos que saúde plena significa mente e corpo sãos. Em março de 2018, meu colega e amigo Fernando Nobre, cardiologista com especialização em hipertensão arterial, publicou uma coletânea de comentários que foram ao ar na sua coluna da Rádio CBN Ribeirão Preto nos últimos cinco anos. São textos curtos, escritos em linguagem acessível e de leitura agradável, contendo informações cientificamente comprovadas e esclarecedoras sobre saúde cardiovascular. Vale a pena ler *Lições para cuidar bem do coração* (2018).

• O significado das vivências •

Dois homens, um muito religioso e um ateu, conversavam. O assunto era a existência de Deus. O ateu diz: "Eu bem que tentei acreditar, mas, um dia, há um ano, perdi a direção do carro no caminho de volta para casa e caí numa vala ao lado de uma ponte. Era tarde da noite, estava escuro, o lugar era ermo e eu, ferido, estava preso nas ferragens. O que eu fiz? Gritei. Aos berros falei: Se existir um Deus, que ele venha me ajudar, pois do contrário, morrerei aqui!".

"Mas então você agora acredita em Deus", disse o religioso, "pois sobreviveu". Ao que o ateu, bufando, impaciente, achando o religioso um tonto, respondeu: "Não, o que aconteceu foi que um pescador passava por ali e me socorreu".

Moral da história: uma mesma vivência pode significar coisas completamente distintas para duas pessoas diferentes. Esse fato bem conhecido se deve às crenças e à criação de cada uma delas como também ao significado que elas dão à experiência.

• Conflito de gerações •

"O que os adultos sabem sobre nós?" Essa pergunta me foi feita por uma paciente de 16 anos, que momentaneamente pareceu ter se esquecido de que eu sou um adulto. Ou acredita que eu sou um adulto diferente dos que a rodeiam. Qualquer que tenha sido o motivo, essa questão traz nela embutidos preconceitos dos adolescentes sobre os adultos: que somos ultrapassados, lentos, conservadores, autoritários, e, sendo assim, não teríamos o que lhes transmitir de útil; nada a agregar ao seu embrião de teoria das coisas e da vida.

À medida que envelhecem, as pessoas confundem mudanças que ocorrem nelas – a percepção do tempo (parece passar mais rápido para os idosos), a rigidez (dificuldade para assimilar mudanças) e certa intransigência (resistência a novidades) – com mudanças no mundo e decadência moral. É uma regra: cada geração acredita que os jovens estão degradando a língua (e, com ela, a civilização). Assim se cria a ilusão dos "bons velhos tempos".

O conflito intergeracional, a meu ver, é inevitável, mas não intransponível. Nós, adultos, temos muito a transmitir aos mais jovens. Temos mais vivência, experiência e, espera-se, maturidade. Afinal, passamos pela adolescência, que, contrariamente ao que pensam os adolescentes, é uma fase bastante parecida em todas as gerações – de rebeldia, questionamento de valores e de autoafirmação. A questão é como fazer essa transferência de conhecimento acumulado de maneira eficiente.

O diálogo intergeracional exige sensibilidade que facilite a criação de brechas para comunicação eficaz. Toda interação entre duas pessoas, ainda mais quando são de gerações diferentes, depende da boa vontade das partes envolvidas. De um lado, humildemente, reconhecer que o mundo não começou conosco e que a sabedoria acumulada deve ser levada em conta. De outro, humildemente, admitir que o mundo mudou e é chegada a hora de passar o bastão para os mais jovens, confiando que eles saberão o que fazer, ao modo deles.

• Síndrome do por pouco... •

Mario Sergio Cortella, em *Por que fazemos o que fazemos?* (2016), descreveu a "síndrome do por pouco..." para se referir a um fenômeno psicológico que pode ocorrer na pessoa que por pouco não chegou lá. Por pouco não se tornou jogador de futebol, por pouco não foi escolhido para o elenco de um musical, por pouco não passou no vestibular, por pouco não bateu uma meta.

O sujeito acometido pela "síndrome do por pouco..." ou vive amargurado pela não realização do sonho, sentindo que não há mais tempo para realizá-lo, ou cria uma fantasia na qual o quase feito só não foi realizado por uma inconformidade, sintetizando sua situação com "eu não fiz, mas se eu tivesse feito... ah, se eu tivesse feito...".

• Seguir adiante •

Virar a página é um passo fundamental para se seguir adiante em paz, sem pendências e com as coisas bem resolvidas. É uma realização necessária, quer se trate de questões familiares, afetivas ou profissionais. Dona Ivone Lara (1922-2018) e Nilze de Carvalho cantam essa mensagem em "Acreditar" (1979). Confira a gravação de show ao vivo inesquecível em 2011.

• Mudar não é fácil •

Além de mudar, o que por si só já é um desafio, é preciso depois sustentar a mudança. Nem uma coisa, muito menos a outra, acontecem se a pessoa não estiver empenhada e convencida de que a maior interessada é ela própria. Não se muda pelo outro, para agradar ao outro. Isso em geral não funciona. Em "Só se for domingo" (2011), a banda mineira Transmissor, com sua levada característica e arranjo muito bem cuidado, aborda essa questão.

• O valor de um colapso •

Um dos maiores problemas dos seres humanos, por mais que possa parecer paradoxal, é que somos muito bons em seguir adiante, persistir apesar das dificuldades, das demandas crescentes do mundo externo e das diferenças de prioridade que temos com as pessoas que estão à nossa volta. Podemos aguentar por décadas sem maiores desequilíbrios, até que um dia, para surpresa de todos e até de nós mesmos, pifamos. Ocorre um colapso nervoso; um esgotamento total.

Um colapso pode se manifestar de modos distintos: na forma de uma depressão (desânimo, cansaço e perda de interesse pelas coisas) em alguns casos, de crises de ansiedade e angústia em outros, por perda dos sentidos e confusão mental, e há ainda aqueles em que sobrevêm sentimentos paranoides acompanhados de isolamento social. O fato é que inequivocamente haverá uma ruptura com o que é o jeito normal da pessoa. É isso que caracteriza um colapso.

E por que uma pessoa pifa? Ao contrário do que comumente se pensa, um colapso não é sinal de loucura. Pelo contrário, significa que a mente foi dominada pela exaustão depois de desgaste extremo (agudo ou crônico) e sinaliza que não está mais dando conta, que desse jeito não pode continuar. O colapso é, então, como a sirene de um sistema de alarme, do nosso sistema de autopreservação, que foi ativado justamente porque está funcionando bem.

Um colapso nervoso não deve ser medicalizado, sempre transformado em problema médico, tratado com medicamentos e pronto, como comumente acontece hoje em dia. Se for entendido corretamente, sua superação será uma oportunidade extraordinária de aprendizado e transformação. Afinal, em geral, a razão do esgotamento é a pessoa não ter percebido que, por anos, décadas até, estava se consumindo; abusando de si mesma repetidamente.

Após ser decifrada, a mensagem de um colapso é clara: "Não dá mais para continuar assim! Tome uma providência. Ou você para por bem ou será por mal". Quer seja uma insatisfação crônica, quer seja um problema conjugal, uma questão familiar ou uma mágoa em estado de putrefação, a coisa precisa ser resolvida, pois já atingiu níveis tóxicos.

Um bom profissional de saúde mental pode ajudar na superação de um colapso. Ele tentará escutar a mensagem por trás da perturbação ocorrida e vai traduzi-la. Seus termos gerais seriam mais ou menos estes: respeite-se mais, cuide-se melhor, coloque-se em primeiro lugar, resgate a qualidade de seus relacionamentos e viva melhor, com responsabilidade. Uma crise representa necessidade de mudança que não encontrou outra maneira de se manifestar; uma chamada à realidade e não um sinal de que estamos doentes. Já estávamos doentes e por isso ela ocorreu, dando-nos uma chance de melhorar de verdade.

• Ir para onde? •

"'Poderia me dizer, por favor, que caminho devo tomar para ir embora daqui?'

'Depende bastante de para onde quer ir', respondeu o Gato.

'Não me importa muito para onde', disse Alice.

'Então não importa que caminho tome', disse o Gato."

Nesse diálogo de *Aventuras de Alice no país das maravilhas* (publicado pela primeira vez em 1865), de Lewis Carroll (1832-1898), o Gato de Cheshire não poderia ter sido mais coerente. Afinal, não basta querer desesperadamente sair de uma situação ou de um lugar. É preciso também se ter uma mínima ideia de para onde se pretende ir.

O diálogo continua assim:

"'Contanto que eu chegue a algum lugar', Alice acrescentou à guisa de explicação.

'Oh, isso você certamente vai conseguir', afirmou o Gato, 'desde que ande o bastante.'"

Achar-se e manter-se minimamente bem situado para saber que direção tomar a partir de onde se está. Isso – o que não é pouco – é necessário para evitar aquelas ocorrências em que se sai da frigideira para cair no fogo. E também que a pessoa esteja minimamente preparada para o desgaste intrínseco ao percurso.

• A milonga e o sentido da vida •

A milonga é um estilo de música e canto tradicional em algumas regiões do Rio Grande do Sul, principalmente nas fronteiras com Uruguai e Argentina. Caracteriza-se pela letra bem cuidada, sempre poética e às vezes declamada; pela entonação introspectiva, melancólica até; e pelo acompanhamento à base de violão e sanfona. A meu ver, é um dos ritmos que melhor traduz como é viver com responsabilidade em busca de aprimoramento.

Vitor Ramil, cantor, compositor e escritor, gaúcho de Pelotas, enumera e explica as bases da milonga bem-feita em "Milonga das sete cidades" (1997). São elas rigor, profundidade, clareza, concisão, pureza, leveza e melancolia. Acredito que é também em cima delas que se deve buscar o desenvolvimento pessoal e o crescimento espiritual. Escute com atenção à letra dessa bela canção, que descreve estratégia, superação de dificuldades e recompensa.

• Xadrez ou Damas? •

Edgar Allan Poe (1809-1849), brilhante, mas muito sofrido escritor estadunidense, no conto "Assassinatos na rua Morgue" (1841), faz uma interessante distinção entre Xadrez e Damas, jogos de tabuleiro que recrutam diferentes modalidades da cognição. Ele também discorre sobre as características do bom jogador de cada um deles. O Xadrez exige intensa concentração e capacidade de cálculo muito desenvolvida. O jogo de Damas, por sua vez, e contrariamente ao que a maioria pensa, demanda mais inteligência geral.

No jogo de Xadrez, no qual as peças têm movimentos diferentes e até mesmo bizarros, com valores variados e variáveis, a atenção e o foco são absolutamente essenciais. Uma vez que os movimentos possíveis são infinitos e intrincados, as chances de distração multiplicam-se. Qualquer desatenção facilita um deslize ou uma derrota. Em nove entre dez partidas de Xadrez, desde que o nível dos jogadores seja semelhante, o mais concentrado vence.

No jogo de Damas os movimentos são únicos e possuem pouca variação. Eis aí por que as possibilidades de vacilo por desatenção são menores. Nesse jogo, em que a atenção é comparativamente menos importante, leva vantagem o jogador que possui inteligência, em sentido amplo, superior.

Se fôssemos fazer uma analogia entre os jogos de Xadrez e Damas com tipos de psicoterapia, teríamos que o primeiro seria a psicanálise – complexa, mas nem por isso mais profunda –, enquanto Damas estaria mais para as psicoterapias comportamental, cognitivista e interpessoal. Todas, em boas mãos, são eficazes, mas os respectivos terapeutas devem desenvolver as habilidades mais importantes para sua correta implementação.

• Sou mais eu (os outros não importam) •

O desenvolvimento pessoal no sentido de tornar-se um ser humano melhor depende de força de vontade, da crença nessa possibilidade e do nível moral da pessoa. Quando se trata de mentirosos crônicos ou de indivíduos com falha de caráter, essa busca não é viável.

Em primeiro lugar, porque tais pessoas não se acham, de modo algum, erradas ou problemáticas. Para sustentarem essa certeza, atribuem seus problemas e dificuldades – e mesmo o seu sofrimento – à má vontade ou perseguição de outras pessoas como também à má sorte, ao azar, que os colocou em situações desvantajosas. Ou às duas coisas juntas. É um fato: pessoas assim são especialistas em se fazerem de vítimas.

Em segundo lugar, porque se enganam. Alguns indivíduos, de tanto mentir, acreditam que as mentiras que dizem são verdades. Aliás, dizem que esses são os melhores mentirosos; os mais convincentes e envolventes.

Finalmente, para não me alongar demais, porque pessoas com falha de caráter raramente se emendam. Importante que se entenda que não estamos falando de um transtorno mental incurável, mas, sim, de imoralidade, egocentrismo total e canalhice, traços raramente reversíveis.

• A arte da comunicação •

Para que a comunicação, tanto oral quanto por escrito, seja eficaz, é necessário que se considere quatro variáveis: o que, como, quando e com quem. Comunicar-se com alguém de maneira produtiva exige que se tenha clareza do que dizer; cuidado com como e em que momento o fazer; e que se leve em conta quem é o interlocutor.

Pense por um minuto: sempre que inicia uma conversa séria com alguém, está bem certo do que gostaria de dizer ou tem apenas uma ideia mal-acabada do ponto em discussão? Sem dúvida, o mais comum é a segunda alternativa. O bom discernimento do conteúdo que se quer transmitir é condição para a comunicação eficaz. Do contrário, se o que está falando não lhe está claro, não é um tema que domina, o que está fazendo de fato é tentando enrolar. O outro e a si mesmo.

O modo como se conduz uma conversação ou um diálogo por mensagens; a postura que se tem durante a troca de informações interfere na eficácia da comunicação. Uma mesma ideia, expressa aos berros, aos prantos ou em linguagem comedida porém firme será assimilada de forma diferente. É sabido que ânimos exaltados e emoções fortes perturbam a troca de ideias e até mesmo bloqueiam a comunicação.

O *timing*, o senso de oportunidade na escolha do momento para se abordar determinado assunto em uma conversa, é fundamental quando se pretende que a comunicação seja eficaz. Mesmo que esteja claro o que se quer dizer e se mantenha a postura correta, a conversa pode não ser proveitosa se o momento não for bem-escolhido. Não é a qualquer tempo que se pode abordar qualquer assunto.

Com quem planeja ter a conversa? Uma criança, um funcionário, um amigo, o companheiro, seu chefe, uma pessoa mais idosa, alguém fragilizado ou, ao contrário, raivoso? Todas essas particularidades, e muitas outras possíveis, devem ser levadas em conta quando se quer ter uma conversa produtiva. Dependendo das características do seu interlocutor, o discurso deve ser modulado e adaptado para que a chance de entendimento seja maior.

• Consumismo •

O consumismo, a tendência a comprar exageradamente, em geral coisas supérfluas, é muito comentado como uma das características da sociedade em que vivemos. Mas pouco se fala de suas causas.

Algumas informações sobre esse fenômeno poderão auxiliar na sua compreensão e na modulação individual necessária para modificá-lo. Aliás, informação nunca é demais.

O shopping center é o símbolo maior do consumismo. Causa e consequência. Tudo nele é feito propositalmente para encorajar o sentimento de que não querer o que está ali à mostra é de uma imbecilidade atroz. É muita difícil resistir à tentação de ver todas aquelas lojas em um só local, com vitrines cuidadosamente estudadas para valorizar os produtos, com gente bonita disposta a atendê-lo com solicitude e gentileza, e não se deixar levar.

Da próxima vez que entrar em um shopping center, observe e perceberá algumas estratégias que estimulam o consumo. Em primeiro lugar, distrações como o clima e o tempo (não existem relógios públicos) são eliminados. Também os espaços de circulação são amplos e, especialmente, o teto é alto, criando um ambiente diferente da realidade habitual, que intensifica a sensação de que se está em um local especial. O estímulo mais persuasivo, porém, é o simples fato de que ali todo mundo está comprando.

• Tocando em frente •

Leva-se a vida gerenciando problemas externos e internos. Os internos, além dos psicológicos e dos emocionais, englobam também a carga genética e a expressão dos genes, ou seja, quais se manifestam predominantemente. Isso, por sua vez, é determinado pela interação com o meio ambiente. Os Engenheiros do Hawaii cantam esse fenômeno – o gerenciamento de acontecimentos externos e da carga genética – em "Surfando Karmas & DNA" (2002).

• Amigos •

Os seres humanos são criaturas extremamente sociais. Os antropologistas afirmam que essa nossa característica foi a maior responsável pelo protagonismo que adquirimos. Contrariamente ao que se possa supor, contudo, apesar de centenas de amigos no Facebook e milhares de seguidores no Twitter, somos capazes de manter relacionamentos significativos com no máximo 150 pessoas em determinado período de tempo.

Estudos após estudos confirmam que, em média, as pessoas têm no máximo 5 amigos íntimos, 15 amigos próximos, 50 colegas e uns 80 conhecidos, totalizando 150 contatos. Esse limite nos é imposto pelo tamanho, pela estrutura e pela química do nosso cérebro como também pelo tempo necessário para se construir e manter relacionamentos significativos. O tempo, aliás, cada vez mais escasso, é um determinante crucial.

A amizade é algo especial. Quando nasce deve ser cultivada com zelo e carinho. Respeito mútuo é um dos componentes do adubo que facilita seu crescimento. Nando Reis e Cássia Eller eram muito amigos; parceiros de longa data. Em "O meu mundo ficaria completo" (1999) eles revelam a extensão de sua cumplicidade.

• Os amigos de ontem •

Não desperdice oportunidades de se reencontrar com amigos de outras épocas; aqueles que já foram próximos e que a vida, com suas mudanças de rumo, se encarregou de distanciar. O contato com eles favorece o resgate de memórias, de emoções e mesmo da pessoa que você já foi um dia, permitindo assim uma melhor compreensão do caminho que percorreu para chegar até aqui. Esse entendimento, em geral revelador, pode ser de grande valia no direcionamento que pretende dar daqui por diante.

• Os amigos de hoje •

São poucos os amigos verdadeiros, aqueles que aceitam você como você é e não se distanciam quando você está por baixo; os que estão ali para o que der e vier e não se furtam a serem duros consigo quando necessário. Por isso, identifique-os, separe o trigo do joio e cultive essas amizades. Além disso, se porventura circunstâncias de vida os distanciarem, eles sempre serão um repositório de boas lembranças, que vale a pena visitar quando possível.

• Linguagem e realidade •

A linguagem, meio de expressão e comunicação de ideias e sentimentos, com maior ou menor precisão, descreve uma realidade. O que é mais difícil de entender é que a linguagem tem também a capacidade de criar uma realidade. Isso é hoje fato bem conhecido que se deve à maneira como nossa mente se relaciona com a realidade.

A percepção da realidade é limitada pelo modo como as coisas são apreendidas pela nossa mente. Além de não dar conta de captar tudo, consequentemente sempre deixando algo para trás, nossa mente seleciona e valoriza os dados de realidade que, de alguma maneira, tocam nossas crenças. Seja para confirmá-las ou para se contrapor a elas.

Nossa percepção da realidade não é igual à realidade, mas, sim, um "arredondamento" que fazemos dela. Mesmo assim, agimos e interagimos com a realidade percebida, nossa visão das coisas, como se ela fosse uma cópia fiel do que se passa no mundo exterior. Essas ações e reações, por sua vez, têm impacto transformador, para o bem ou para o mal.

A linguagem, na forma de diálogo franco e objetivo, pode transformar a visão de mundo. Mario Alonso Puig, escritor e palestrante espanhol, dá um bom exemplo disso na introdução do livro *No es lo mismo* (2010):

> "'Caro esse seu produto, hein?'
> 'Caro ou valioso?'
> 'Qual a diferença?'
> 'Caro é algo pelo que se paga muito e depois se dá conta de que não valeu a pena. Valioso é algo pelo que se paga preço alto, mas compensado pela qualidade e durabilidade.'"

• A louca da casa •

Era assim que Teresa de Ávila (1515-1582), freira carmelita canonizada em 1622, se referia à imaginação. Não à imaginação criativa e útil, mas ao vagar interminável de nossos pensamentos. Em contraposição à razão, que tenta ordenar as coisas, a "louca" é bagunceira, vaga sem limites, recusando-se a ser contida. Santa Teresa de Jesus, como também é conhecida, comparou sua atividade à da tramela de um moinho, peça de madeira que produz ruído constante pelo atrito com a mó, indicando que o engenho está em movimento, e faz tremer a quilha onde estão os grãos, causando sua queda sobre a pedra de moagem. E sugeriu "deixar essa louca falar", sem interrompê-la, mas também sem lhe prestar atenção.

Esse é também o título de um livro de crônicas e pequenos ensaios autobiográficos da jornalista e escritora espanhola Rosa Montero. Para ilustrar a força da imaginação e como se deixar levar por ela permite a exploração de trilhas mentais desconhecidas, a autora, de maneira engenhosa, narra um mesmo episódio de três formas diferentes. A leitura é envolvente e estimulante. Recomendo.

• Você está conversando ou discutindo? •

Conversar e discutir são interações aparentadas, mas bem diferentes. A disposição, a postura e os objetivos das pessoas mudam conforme elas participam de uma conversa ou de uma discussão. Não é raro que a transformação de uma conversa em uma discussão passe despercebida, de modo que, por um lapso, a pessoa fique sem saber direito como se comportar diante da modificação ocorrida.

Conversar, na sua acepção mais básica, envolve duas pessoas falando uma com a outra, sobre tópicos de interesse comum, respeitando a vez de cada um falar e colaborando para a continuidade do assunto, com o propósito geral de interação social civilizada e educada. Sem dúvida, conversar exige boa dose de cooperação dos envolvidos.

Discutir é muito diferente de conversar. Os envolvidos numa discussão discordam sobre o assunto: cada um tem uma opinião, que lhe é cara, e que o outro não aceita. Por isso, numa discussão se cria uma situação de perder ou ganhar, na qual os esforços visam a, progressivamente, desacreditar o argumento do outro enquanto se mantém o seu bem defendido. É nítido que nessa interação o espírito é de combate.

Já presenciei incontáveis discussões. Evidentemente, também já participei de várias, nas mais diversas situações. Uma discussão é como uma guerra: um conflito motivado pela diferença de opiniões, no qual há disputa de terreno com um adversário, valendo-se de manobras de ataque, defesa e contra-ataque, que terminará com uma trégua, uma rendição, seguida de acordo de paz, ou um impasse. Como toda guerra, deveria ser o último recurso. Sempre que possível, principalmente na vida familiar cotidiana, é melhor conversar do que discutir.

• Estudo e assimilação de informações •

Interessa algumas dicas para aumentar o rendimento nos estudos? Então aí vão três comprovadamente válidas e que poderão lhe ser úteis: 1) testar-se quanto ao conteúdo estudado formulando perguntas sobre o que leu; 2) pausar a leitura de tempos em tempos e se perguntar se o que está lendo faz sentido e por quê; e 3) fracionar o estudo em diferentes momentos (em vez de querer dar conta de tudo de uma vez só).

• Autoajuda •

O que *eu* posso fazer nessa situação adversa? Não importa que seja uma doença, um relacionamento tóxico, uma dificuldade profissional ou um aperto financeiro, essa é a pergunta que despertará a capacidade de mobilização e quebrará a inércia que muitas vezes prevalece nessas ocasiões. Não espere por ajuda. Se ela vier, melhor. Se não, temos de nos virar com nossos recursos. Isso é autoajuda em estado bruto.

Uma definição mais refinada de autoajuda seria "método de aprimoramento pessoal em que a pessoa busca, sem ajuda de outrem, soluções para problemas emocionais e a superação de dificuldades". As técnicas mais eficientes englobam não só o que fazer, mas também porque, como, quando e em que sequência o fazer. Existe uma infinidade de livros nessa área que abordam temas variados: emoções e sua influência em nossas vidas, avanços na compreensão do funcionamento mental, comportamento humano, bases do relacionamento interpessoal e vida em sociedade.

As obras de autoajuda se enquadram em três categorias: informativas, propositivas e diretivas. Todas são válidas e cada uma delas tem pontos fortes e fracos. As informativas, como o próprio nome diz, visam informar os leitores e caberá a eles fazer o uso que bem lhes aprouver das informações no processo de desenvolvimento pessoal. As propositivas têm como objetivo apontar soluções para os problemas emocionais e existenciais. Já as diretivas concebem um passo a passo que leve à superação das dificuldades. Nessa última categoria, os autores mais sérios explicitam que não há garantia de sucesso e que o encaminhamento descrito é apenas um entre tantos outros modos de se encarar situações difíceis.

Nos Estados Unidos, a literatura de autoajuda é bem mais difundida e valorizada do que no Brasil, onde ela é estigmatizada como "autoenrolação". Provavelmente, porque lá é corriqueiro que cientistas, filósofos, médicos, psicólogos, físicos, historiadores, políticos, professores universitários e jornalistas se interessem pelo tema e escrevam sobre suas diversas vertentes. Por isso, naquele país, a oferta de bons livros de autoajuda, das três categorias (informativa, propositiva e diretiva), é grande e variada.

Investir na autoajuda não significa excluir a possibilidade de receber auxílio e aconselhamento de outras pessoas (familiares, amigos, colegas, padres e pastores). Muito menos substituir por esse método a assistência de profissionais de saúde mental. A busca de solução para problemas e pelo desenvolvimento pessoal, como outras atividades físicas e intelectuais, dá melhores resultados quando supervisionada por profissionais responsáveis, bem formados e competentes. Eles podem, inclusive, indicar leituras de autoajuda levando em conta a história e a situação da pessoa.

• Cair e levantar •

No Aikidô, arte marcial que pratiquei durante anos, o lema é cair 10 vezes e se levantar 11, ou seja, sempre se levantar depois de cair. A técnica do Aikidô se baseia em base corporal sólida; movimentos fluidos de esquiva seguidos de retorno da energia do ataque do oponente para ele, se possível de forma potencializada; mobilizações com torsão de articulação; e aprender a cair.

Só quem despencou até o fundo do poço e sobreviveu pode descrever a queda e a velocidade com que ela se dá. Lobão caiu e se levantou várias vezes. Vale a pena escutar o que ele tem a dizer em "A queda" (1995). De preferência, nas gravações ao vivo.

• Autoridade e poder •

Eis aí duas palavras tidas como semelhantes, mas que têm significado muito distinto. Autoridade é o direito de se fazer obedecer, de dar ordens, de tomar decisões e de agir, adquirido por competência e prestígio. Poder, por sua vez, é algo bem diferente: é ter força, influência, recursos e meios para mandar; exercer domínio.

Se não lhe ficou clara a distinção entre autoridade e poder, essas diferenças o auxiliarão a clarear as ideias: autoridade merece respeito, poder o exige; autoridade requer transparência, poder precisa de vestimenta imponente; autoridade é franca e direta, poder é reservado e dissimulado; autoridade é coração aberto, poder é punho fechado.

Mateus (7:28) disse que o Cristo ensinava com autoridade e não como os escribas (doutores da lei entre os judeus). Os escribas acreditavam em regras e não em princípios; em posição social e não em realizações ou conquistas; e na hipocrisia e não na virtude. Jesus Cristo continuamente denunciou a hipocrisia dos poderosos, e o fez com autoridade.

• Metáforas •

Uma metáfora é o emprego de uma palavra ou expressão em sentido figurado para se comunicar um conceito ou uma ideia. Ela se fundamenta na relação de semelhança subentendida entre o sentido próprio e o figurado. O *Novo Dicionário Aurélio* explica que, por metáfora, se chama *raposa* a uma pessoa astuta ou se designa a juventude *primavera da vida.*

No livro *Metaphors we live by* (2003), George Lakoff e Mark Johnson explicam que as metáforas são muito mais do que figuras de linguagem. De forma bastante convincente e competente, propõem que elas refletem o sistema conceitual da cultura em que estamos imersos e mais: que elas servem para organizar nossas vidas, na medida em que destacam algumas características e escondem outras dos valores que expressam.

Um exemplo de metáfora muito presente na nossa vida cotidiana? Tempo é dinheiro. Na nossa cultura, o tempo é uma "mercadoria" valiosa, um "produto" de grande valor. Esse fato está evidente nas expressões: "você está desperdiçando o meu tempo", "este aplicativo vai nos poupar tempo", "você precisa avaliar melhor o modo como usa seu tempo", "investi muito tempo nisso", "o incidente do trânsito me custou uma hora" e "o tempo está acabando".

Da mesma forma que as metáforas expressam conceitos próprios de uma cultura, elas podem introduzir novas maneiras de compreensão da realidade. Uma nova metáfora muda a forma de encaminhar questões da vida, desde que faça sentido para a pessoa. Pode, inclusive, mudar nossa visão de mundo, tanto do interno quando do externo. No próximo tópico darei um exemplo que ilustra esse fenômeno.

A metáfora de problemas como *quebra-cabeças* é muito comum em diversas culturas. Implica procurar a solução correta que, quando encontrada, resolve a questão definitivamente.

Uma metáfora alternativa seria a "química", em que os problemas constituem um "caldo", a *solução de problemas.* Dessa forma fica mais fácil compreender que os problemas nunca desaparecem totalmente e não podem ser dissolvidos de uma vez por todas. Estão sempre presentes, algumas vezes em estado solúvel e outras em forma sólida. Sendo assim, o máximo que podemos fazer é encontrar um solvente para um problema, cuidando para que, no processo, não se precipite outro.

Lakoff e Johnson defendem que as metáforas têm desdobramentos que realçam e tornam mais coerentes certos aspectos de nossa experiência, na medida em que valorizam alguns deles e escondem outros. Segundo esses autores, definimos nossa realidade em termos de metáforas e agimos com base nelas. Se forem questionadas e atualizadas de tempos em tempos, melhor.

• A diferença entre ler e Ler •

O estudo da literatura requer habilidades diferentes das exigidas pela leitura por prazer. Para diferenciar a leitura simples, que fazemos para obter informações sobre algo, da que visa ao entendimento mais aprofundado de um texto clássico, que exige concentração, método e perseverança, fiz a distinção entre ler, para me referir à primeira, e Ler, com inicial maiúscula, à segunda.

A leitura para se manter informado poderia ser comparada a caminhar na praia observando as ondas quebrarem, molhando seus pés, e pouco deixando para trás depois que morrem, exceto alguma espuma e a marca de seu limite máximo na areia. Já a leitura atenta de um grande clássico equivaleria a entrar no mar, ultrapassar a arrebentação e explorar o fundo, onde nem sempre dá pé. Também dessa posição é possível uma vista privilegiada da praia a partir de onde se formam as ondas.

Seguindo com a analogia entre Ler (a leitura atenta, crítica e aprofundada dos grandes clássicos) e ir para além da arrebentação das ondas na praia, é bom saber que esse tipo de leitura exige preparo e método; do contrário será algo cansativo, monótono e até traumático. Alguma forma de tutela faz-se necessária a partir de um certo ponto. Lembre-se do que nossas mães falavam quando entrávamos no mar: "água no umbigo, sinal de perigo". Não vá além sem estar capacitado e sem o equipamento necessário.

Susan Wise Bauer, professora de redação e de literatura americana, em *Como educar sua mente* (2015), se propõe a auxiliar o leitor interessado no desenvolvimento da gramática, da lógica/dialética e da retórica necessários, respectivamente, para ler, compreender e analisar um grande clássico. É uma leitura agradável, mas puxada. Um verdadeiro curso de leitura em formato de livro. Recomendo.

• Não sei •

Afirmar para alguém "não sei" não é tão simples como parece. Quando dizemos "não sei", mostramos para o outro que temos uma vulnerabilidade, que desconhecemos algo – como se isso não fosse uma verdade absoluta – e ficamos (ou nos sentimos) expostos aos olhos dos demais, algo extremamente incômodo para alguns.

Dizer "não sei" implica duas declarações: uma para nós mesmos, quando nos damos conta de que há coisas que não sabemos; e outra para os outros, quando necessitamos de alguma ajuda e queremos fazer algo corretamente. As duas são fundamentais para a aprendizagem e requerem boa dose de humildade.

• Estereótipos •

Pessoas bonitas e atraentes são mais bem tratadas, vistas como mais capazes e mais confiáveis. São também mais bem remuneradas e menos recriminadas. Em contrapartida, pessoas com anomalias faciais são vistas como menos boas, menos gentis, menos inteligentes, menos competentes e não afeitas ao trabalho duro. Esses fatos derivam de estereótipos muito arraigados em nossa mente: "bonito é bom" e "feio é ruim". Importante entender essas tendências implícitas de nossa percepção para neutralizá-las e contribuir para a construção de uma sociedade em que as pessoas sejam julgadas pelo seu comportamento, e não pela sua aparência.

A discriminação em relação aos idosos é muito maior do que a por gênero e por raça. Ela se baseia em um estereótipo reforçado repetidamente desde muito cedo: a velhice é ruim. Por essa visão distorcida, os velhos são feios, chatos, fracos, lentos, patéticos, ultrapassados e acomodados. Os que alimentam esse preconceito aparentemente não se dão conta de que também vão envelhecer. Muitos, aliás, vão ultrapassar 70 anos de vida. A longevidade é uma conquista fundamental do progresso humano. Se almejam tratamento diferente quando chegarem lá, é hora de mudar de ideia e de atitude.

Um estereótipo como o de que envelhecer é ruim não se sustenta sem reforçadores. Em nossa cultura somos bombardeados com essa informação desde crianças. Quem diz que rugas são feias? A multimilionária indústria de produtos cosméticos. Quem diz que perimenopausa, diminuição de testosterona e déficit cognitivo leve são doenças? A trilionária indústria farmacêutica. Ashton Applewhite, escritora e ativista estadunidense, disse que "o envelhecimento não é um problema a ser corrigido ou uma doença que precisa de tratamento. É um processo natural, poderoso e duradouro que nos une a todos". Concordo plenamente.

Vivemos em uma cultura em que o gordo é visto como guloso, preguiçoso, problemático, irresponsável e até moralmente suspeito. Em contrapartida, a magreza é valorizada como tudo de bom; a expressão do sucesso no controle dos apetites, do corpo e da vida. Esses valores são reforçados diariamente – na mídia, nas políticas de saúde, nos consultórios médicos e nas reuniões sociais e familiares. Se não nos questionamos sobre um preconceito, ele seguirá se perpetuando. Que cada um seja feliz (e respeitado) com o corpo que tem.

• Risco de vida •

O livro *Viver é perigoso?* (2013), de Michael Blastland e David Spiegelhalter, britânicos especialistas em Estatística, mostra como o cálculo de probabilidades permite a conciliação de duas visões de mundo: a macro (populações inteiras vistas como números) e a micro (cada indivíduo no emaranhado de suas histórias). Os autores analisam extensos bancos de dados e fornecem informações novas, algumas das quais contrariam o senso comum, ao apresentar os conceitos de micromorte (1 MM é igual ao risco de 1 em 1 milhão de algo fatal acontecer) e microvida (1 MV equivale a 30 minutos de expectativa de vida depois de atingida a idade adulta). Leitura interessante.

• A palavra e a ação •

O desenvolvimento da linguagem, da capacidade de uso da palavra articulada e escrita para se comunicar foi um marco no desenvolvimento da humanidade. Graças a essa habilidade a espécie *homo sapiens* se organizou e houve progressivo acúmulo de conhecimento que pôde ser compartilhado e passado adiante. Não se sabe quanto tempo depois desse fato extraordinário - mas não deve ter sido muito - surgiu a mentira, o falso testemunho com vistas a enganar, iludir, induzir ao erro e, provavelmente, se beneficiar de alguma maneira.

No seu sentido mais amplo, o comportamento é a resposta total de um indivíduo a uma situação qualquer, com o objetivo de modificá-la pelos efeitos que causa no ambiente ou nos outros indivíduos ali presentes. É, fundamentalmente, uma ação. Sempre reveladora quando se considera o contexto em que ocorre.

O que é mais informativo sobre o caráter de alguém: sua palavra ou sua ação? Nos dias atuais, em que a oratória está tão sofisticada, é necessário avaliar atentamente o comportamento das pessoas. Afinal, o que vale mais? A pessoa dizer que seria incapaz de roubar ou o fato de ela ter sido flagrada roubando? E depois, lógico, falar que não era bem aquilo que parecia e que tudo não passou de um mal-entendido.

• A reclamação justa e correta •

Reclamar de algo visa reparar uma injustiça sofrida e/ou uma relação interpessoal de mágoa e ressentimento. É completamente diferente de se queixar para terceiros; de desabafar em busca de simpatia e apoio, atitude que em geral não resolve nada. A reclamação, diferentemente do queixume, é dirigida ao interlocutor com quem se tem o problema, com intenção resolutiva e de resgate da relação de respeito e confiança.

Reclamar direito não é algo que se faça movido por emoção aguda e intensa, em geral raiva ou indignação. Pelo contrário. São dois os principais ingredientes para se aumentar a chance de uma reclamação ser entendida e atendida: o contexto e o modo de se proceder.

O contexto deve ser sempre considerado quando se pretende fazer uma reclamação. Além do que exatamente se gostaria de dizer, do conteúdo, que deve ser objetivo e bem justificado, é importante também ter em conta o lugar e o momento em que se dará a conversa com a reivindicação.

Não seja amador ao fazer uma reclamação. Cuide para que a conversa seja em lugar adequado, onde possa ocorrer sem interrupções e em privado. Atente também para o momento. Às vezes é melhor deixar passar um tempo do que se precipitar, mas não tanto a ponto de o assunto perder a pertinência. Pode também valer a pena avisar seu interlocutor da sua intenção de conversar para que ambos se preparem e combinem lugar e momento.

Ao fazer uma reclamação, mantenha a calma, exponha seu ponto de vista e as consequências do ocorrido, dando ao outro a oportunidade para expressar sua opinião; esclareça mal-entendidos, uma grande fonte de ressentimento; e busque um entendimento quanto à melhor condução, uma saída que satisfaça ambos os lados. Por fim, aprenda com o ocorrido para que situação semelhante não se repita.

• O negativo do positivo •

Tendemos a gostar das pessoas pelo que elas têm de bom. É o que nos mantêm unidos a elas. Se alguém lhe perguntar o que atraiu você na pessoa com quem está iniciando um relacionamento, não é difícil supor que dirá algumas coisas muito legais sobre ela. É muito provável, todavia, que, à medida que a relação se prolongue, apareça o incômodo em relação aos defeitos que essa pessoa, inevitavelmente, tem.

A ironia de um relacionamento é que as coisas no comportamento e nas atitudes da pessoa com quem você está, que passam a incomodar e a irritar, são justamente o lado negativo das qualidades que inicialmente cativaram você. Em inglês, esse fenômeno é denominado "the weakness of strenght", algo como "a fraqueza da força". Prefiro chamá-lo de negativo do positivo.

O princípio do negativo do positivo estabelece que qualquer qualidade que uma pessoa tem, mais cedo ou mais tarde, revelará seu lado negativo, sua fraqueza correspondente. Alguém que é muito criativo e tem imaginação fértil, por exemplo, terá dificuldade para lidar com tarefas rotineiras. Uma pessoa muito focada no trabalho, por essa mesma razão, colocará as demandas da profissão antes das obrigações do relacionamento. Mais um exemplo? O bom ouvinte revela-se indeciso pelo fato de estar sempre disposto a considerar os méritos dos dois lados de uma questão.

Ter em mente a ideia de que toda qualidade tem um defeito correspondente ajuda no desenvolvimento de tolerância e de calma no relacionamento. A ideia do lado negativo do positivo permite que se tenha um entendimento menos alarmante e menos perturbador das coisas irritantes no comportamento do cônjuge. Serve também para amenizar a ilusão de que tal comportamento pode ser mudado facilmente, o que não é verdade.

Pensar que a pessoa com quem você está faz o que faz de propósito, para irritar, já que não muda um comportamento mesmo depois de você já ter lhe dito que incomoda, é dolorosamente perturbador. A teoria do negativo do positivo explica que muitas das características irritantes e frustrantes do cônjuge nada mais são do que sombras daquelas qualidades que atraíram você. Esse entendimento tranquiliza e aumenta a chance de resolução do problema.

• Obviedades •

Às vezes me parece que falo e escrevo sobre o óbvio; que essa tem sido minha trilha. Tento me convencer de que nunca é demais falar sobre o que parece óbvio porque na verdade ele só se torna óbvio a partir do momento que a gente o vê. Até então pode passar batido. Também porque, pela obviedade, algumas regras são esquecidas. Pesquisando o assunto, soube que muitos tiveram essa mesma sensação.

> "Às vezes a coisa mais difícil é ser capaz de ver a coisa mais óbvia."
>
> **Mehmet Murat Ildan** (1965-),
> economista, escritor e dramaturgo turco

"Não há questão mais difícil de responder
do que aquela cuja resposta é óbvia."

George Bernard Shaw (1856-1950),
dramaturgo, romancista, contista e jornalista irlandês

"Tudo em retrospectiva é óbvio."

Michael Lewis (1960-), jornalista e escritor estadunidense

"As lições mais duras de aprender são as mais óbvias."

Theodore Roosevelt (1858-1919), militar,
naturalista, escritor, 26º Presidente dos Estados Unidos

"É preciso uma inteligência extraordinária
para contemplar o óbvio."

Alfred North Whitehead (1861-1947),
filósofo e matemático britânico

"O óbvio é o que nunca é visto até
que alguém o expresse com simplicidade."

Khalil Gibran (1883-1931),
ensaísta, filósofo, poeta e pintor libanês

"O óbvio é a verdade mais difícil de enxergar."

Clarice Lispector (1920-1977),
escritora e jornalista ucraniana naturalizada brasileira

"Lembre-se pacientemente que o óbvio é sempre negligenciado."

Drayton Bird (1936-),
especialista em marketing e orador britânico

"Essa é a maneira como as coisas se tornam claras. Subitamente. E então você se dá conta de quanto elas eram óbvias o tempo todo."

Madeleine L'Engle (1918-2007), escritora estadunidense

"O mundo é cheio de coisas óbvias que ninguém percebe."

Arthur Conan Doyle (1859-1930), escritor e médico britânico

"O óbvio é melhor do que a óbvia evitação dele."

Henry Watson Fowler (1858-1933), professor de língua inglesa e dicionarista britânico

"Perdoe-me por falar o óbvio, mas o mundo é composto de todos os tipos de pessoas."

Haruki Murakami (1949-), escritor e tradutor japonês

"Se você entende algo, entende que ela é óbvia."

Israel Gelfand (1913-2009), matemático ucraniano

"O óbvio para você pode ser extraordinário para outros."

Derek Sivers (1969-), empresário e orador estadunidense

"Os especialistas sempre tendem a obscurecer o óbvio."

Derek V. Ager (1923-1993), paleontologista britânico

"As coisas mais importantes para se dizer são as que penso não ser necessário dizer – porque parecem muito óbvias."

André Gide (1869-1951), escritor francês

"O óbvio pode às vezes ser inspirador
quando percebido de maneira inusual."

Daniel Quinn (1935-2018), escritor estadunidense

É bom saber que estou bem acompanhado.

• Velhice •

Alguns bons amigos, já passados dos 75 anos, homens e mulheres, me disseram que preferem ser chamados de velhos a idosos, apesar de serem sinônimos em vários dicionários. Isso porque velho, para eles, implica algo antigo, de vida longa, gasto pelo uso, experiente e, no final das contas, sábio. Idoso, por sua vez, significa somente com bastante idade, mas sem que isso, necessariamente, implique desenvolvimento pessoal ou sabedoria. Posso lhes assegurar que esses meus amigos são mesmo velhos.

Na mesma linha, uma paciente, septuagenária, muito saudável e completamente recuperada de um quadro depressivo, afirmou em uma de nossas conversas: "Velhice para mim consiste em duas coisas. A primeira é agradecer o que fazem por mim e por estar dando conta de levar a vida, apesar dos percalços. A segunda é eu reconhecer meu valor pelas coisas que realizei; não ficar esperando reconhecimento dos outros". Essa, podem acreditar, também é velha e não simplesmente idosa.

"A pessoa envelhece como vive", já dizia meu pai, médico psiquiatra e meu grande professor. Em outras palavras, se a pessoa é chata, difícil, orgulhosa, pedante, querelante, criadora de casos, dissimulada e problemática quando adulta, o continuará sendo quando idosa. A não ser que se preocupe em melhorar e se esforce para isso. Do contrário, o simples passar do tempo não trará aprendizado. Infelizmente.

• Poesia e prosa •

Além das diferenças estruturais e conceituais, poesia e prosa têm também objetivos e efeitos diferentes. A poesia pode perfeitamente expressar ideias e transmitir mensagens profundas, mas sua essência é a beleza estética capaz de promover intensa e pura elevação da alma.

Gosto da proposta de Edgar Allan Poe (1809-1949), escritor e poeta estadunidense, para explicar as diferenças das esferas da poesia e da prosa. Segundo ele, o propósito da Verdade ("a satisfação do intelecto") e o da Paixão ("a euforia do coração"), embora possam ser alcançáveis na poesia, são muito mais facilmente obtidos na prosa.

Para Poe, a Verdade requer uma precisão, e a Paixão, uma simplicidade, ambas compatíveis com a linguagem em prosa, que são antagônicas à Beleza, essência da poesia. Também de acordo com o grande poeta estadunidense, o efeito da beleza - sensibilizar a alma - é potencializado pelo tom de tristeza. Por isso, a melancolia é, para ele, o mais legítimo dos tons poéticos.

• Por que não se deve discutir por WhatsApp •

Poucas pessoas não conhecem o WhatsApp. Zap para os íntimos e carinhosamente chamado ZapZap por alguns. É o aplicativo de mensagens instantâneas (texto e áudio) e de chamadas de voz para smartphones mais usado em todo o mundo. Não se discute sua utilidade. Agilizou e facilitou os contatos. Para discussões, entretanto, na minha opinião, ele não presta. Digo mais: pode ser um desastre.

Um argumento por escrito dá às palavras uma permanência da qual a pessoa pode depois se lamentar. Também não há garantia de que a mensagem ou a sequência de mensagens será mantida em sigilo ou, pior, de que não será passada adiante depois de editada.

Tentar resolver conflitos pelo WhatsApp é problemático pela facilidade com que ocorrem mal-entendidos. O tom de voz, a expressão facial e a linguagem corporal são muito importantes no confronto de ideias, e eles simplesmente não podem ser captados na interação por mensagens de texto ou de áudio.

"Mas como fazer quando uma conversa por WhatsApp degringola numa discussão?" Sugiro que se interrompa a interação e a retome, de preferência cara a cara, quando estiver mais calmo. Pessoalmente – ou por telefone, se a distância impedir o encontro – é mais fácil expressar suas ideias e seus sentimentos, pois se vê – ou se percebe – em tempo real como eles estão sendo recebidos.

• Pendências •

O acúmulo de pendências, questões em aberto, feridas abertas ou mal cicatrizadas, é inevitável à medida que o tempo passa. Isso porque muitas vezes circunstâncias de vida variadas exigem atenção imediata e obrigam ao distanciamento das coisas que ficaram para trás. Em termos, porque para nossa vida mental o tempo é relativo. Se um fato passado é mantido presente, seja na forma de mágoa, ressentimento ou de lembrança ruim, ele se mantém atual e interfere no comportamento e nos relacionamentos interpessoais.

São dois os encaminhamentos possíveis com relação às pendências, às coisas mal resolvidas na nossa história de vida: 1) revisitá-las de tempos em tempos, quando eventos de vida fazem pontes com o passado, e tentar resolvê-las; e 2) aprender com os erros para não aumentar seu número, fato que vai nos atrapalhar no futuro. A música "Primeiros erros" (1985) do meu conterrâneo Kiko Zambianchi trata desse tema.

• O que realmente importa? •

Como a gente complica, não é mesmo? A vida poderia ser tão mais simples. Lógico que isso – a simplicidade e a realização pessoal – não virá de graça. É preciso lutar, às vezes até ir contra a corrente, para descomplicar. Mas que fica mais leve e gostoso, isso fica. Du Pessoa e Victoria Conegero, da dupla Benziê, ilustram bem a leveza com que a vida pode ser levada em "Casa Amarela" (2018).

Que a vida é dura não creio que haja discordância, mas será que é preciso ser tão dura como a fazemos? Penso que não, que a complicamos fazendo dela um caminho árduo e sofrido quando poderia ser mais leve e fluida. Em "Verdade Chinesa" (2005), a mensagem é que a vida pode ser mais simples e bem aproveitada se valorizarmos os pequenos prazeres do cotidiano e tivermos amor no coração. Vale a pena conferir a versão interpretada por Diogo Nogueira.

• E beber resolve o quê? •

Incomoda-me a proposta recorrente do abuso de álcool como solução de problemas, promovida pela geração atual do sertanejo universitário. Um exemplo é "Coração infectado" (2018), de Maiara e Maraisa. A razão do meu incômodo é simples: isso não é verdade. Além de curar nada, o abuso de álcool com esse fim tem relação direta com maior ocorrência de acidentes, violência, de consumo de outras drogas e de relacionamentos íntimos que serão motivo de arrependimento.

Também é uma regra no segmento de música sertaneja contemporânea cantar-se o abuso de álcool em resposta a uma desilusão amorosa, a um fora, à dor de cotovelo e à dor de corno. Um exemplo clássico é "Bêbado no máximo" (2018), de Bruno & Barreto. No fim das contas de que adianta beber demais, ir de bar em bar, de copo em copo? Afirmo que, se algo, muito pouco. É desperdício de tempo, dinheiro e saúde.

• Qual o sentido? •

"Não há progresso em zona de conforto", fala-se muito. Não penso assim. Lógico que há. Mais lento, relacionado apenas com o amadurecimento, mas real. "É no sofrimento que se aprende", fala-se também. Isso depende. A adversidade será superada e mais, acrescentará algo, se nela se forjar um sentido para o sofrimento experimentado. Essa é a clara mensagem do apóstolo Paulo (c5 – 67), na segunda epístola aos Coríntios, e do neuropsiquiatra austríaco Viktor Frankl (1905-1997), sobrevivente do Holocausto, no livro *Em busca de sentido* (1946).

• Os chatos •

Em 22 de novembro de 2018, o padre Fábio de Mello escreveu no Twitter: "tem gente que entrou três vezes na fila quando Deus estava distribuindo chatice". Chatos são aqueles que reclamam de tudo, para quem tudo é problema, que criam caso por pouca coisa, que pensam ser o centro do universo, os donos da verdade e os maiores (os mais doentes, os mais sabidos, os mais descolados, os mais ricos, os mais coitados, e por aí vai). Enfim, chatos são... chatos.

Existem diversos tipos de chatos: os que o são estruturalmente, por característica de personalidade; os que são tidos como tal por estarem doentes – e nessa categoria estão as pessoas com depressão e transtornos de ansiedade – e os que se tornam pedantes, metidos e arrogantes à medida que progridem na vida e passam a "se achar". Evidente que a todos lhes falta autocrítica, mas, no caso de pessoas com transtornos mentais, isso é desculpável.

O que todos os chatos têm em comum é exigir demais dos que estão à volta deles, que são forçados a desempenhar uma ou mais das seguintes funções: ouvinte, apoiador, terapeuta, assistente social, consultor, gerente de banco, agente imobiliário, cuidador, secretário e outras mais. E isso tudo para resolver os problemas deles, pois os seus não o interessam.

• Como lidar com os chatos •

Nem todos os chatos são iguais. O modo de se relacionar com eles varia conforme seu tipo. Paciência e solidariedade são ingredientes recomendados com pessoas que estão deprimidas, com transtorno de ansiedade ou TOC. Esses podem até se tornar mais demandantes em virtude da insegurança, da solidão, da carência que sentem, mas, se tudo correr bem, voltarão ao seu normal e poderão ficar ressentidos se forem maltratados ou tratados com frieza nos momentos de maior fragilidade.

Embora não seja possível mudar a personalidade de uma pessoa, temos o recurso de estabelecer limites, encaminhá-la para ajuda profissional e, se necessário, uma vez esgotadas as alternativas, distanciar-nos daquelas cujos problemas não nos pertencem e podem nos sobrecarregar.

A menos que sejamos bastante cuidadosos e respeitemos os limites que estabelecemos, alguns chatos podem nos estressar, drenar nossas energias ou mesmo nos contaminar com negativismo/inveja/arrogância que trazem consigo. E, desse modo, interferir na nossa autoconfiança, humor, disposição e ponto de vista. Daí a importância de nos preservarmos mantendo alguma distância deles.

• Decisões •

Ser ou não ser? Ir ou não ir? Comprar ou não comprar? Mudar ou não mudar? Sim ou não? Nosso dia a dia consiste em tomar decisões. Uma atrás da outra. É o que mais fazemos. Sendo assim, vale a pena considerar quatro fatores que interferem na tomada de decisões: relevância, conhecimento, comunicação e tempo.

De modo geral, para aumentar a chance de acerto, os fatores que interferem na tomada de decisões podem ser sumarizados assim: 1) quanto mais importante a decisão e maiores as suas consequências, mais cautela se deve ter na sua formulação; 2) se não tem conhecimento sobre o assunto em pauta, busque informações antes de decidir; 3) converse com outras pessoas, de preferência mais experientes, antes de tomar uma decisão; 4) não se precipite e não decida sobre pressão.

• Compromisso e obrigação •

Um compromisso é algo que assumimos de forma livre e voluntária com a intenção de alcançar um objetivo - mais ou menos claro - e assumimos o custo, o esforço e o sacrifício necessários para atingi-lo. A obrigação, por sua vez, é algo que temos de fazer, que nos é imposto e que, se não for feito, nos trará consequências negativas.

No compromisso assumido, o foco está no desejo, na motivação íntima para se conseguir o que foi determinado voluntariamente. Na obrigação, em contrapartida, a preocupação é com o risco de punição e de medidas restritivas caso não se faça o que é devido.

A obrigação é velha conhecida de todos nós. Preenche boa parte de nossa rotina - pagar impostos, respeitar limites de velocidade, manter as contas em dia etc. É o que fazemos porque do contrário sofreremos alguma punição legal (multa, corte de serviços, ações judiciais).

O executivo que trabalha doze horas por dia, por exemplo, está comprometido com seu trabalho mais do que com ficar com a família ou cuidar-se melhor. Como também a jovem que pede desligamento do serviço após dar à luz demonstra estar mais comprometida com a maternidade do que com sua carreira profissional. Fazem-no porque o desejam – com maior ou menor consciência; para se manterem alinhados com seus compromissos pessoais.

Criamos um problema – mais um, como se já não os tivéssemos de sobra – quando transformamos um compromisso em uma obrigação. Quando trabalhar muito ou dedicar-se integralmente ao filho recém-nascido não mais traz satisfação e se torna uma autoimposição, uma tarefa intransferível que necessita ser levada a cabo custe o que custar, começa um martírio.

• Movimentos no contexto •

O contexto é o todo – o momento, o local, o cenário, a situação, as pessoas envolvidas etc. – em que se insere uma parte – um acontecimento, uma conversa, uma afirmação, uma tomada de decisão. Essa relação entre a parte e o todo deve ser levada em conta em julgamentos, avaliações críticas – de si mesmo ou de outra pessoa – e na fundamentação de opiniões. Do contrário, corre-se o risco de se fazer juízo equivocado de uma ocorrência.

- Tirar do contexto. A resposta a uma pergunta feita durante entrevista ou durante uma aula, se for desvinculada do questionamento, é um exemplo de frase retirada de contexto. E, fora do contexto, seu sentido pode ser muito diferente. Às vezes, completamente oposto ao original.
- Sair do contexto. Às vezes é válido o esforço para esperar um tempo depois de uma discussão ou de um desentendimento

qualquer – o contexto – para que, distante dele, do momento em que ocorreu, com os ânimos amainados, se retome a conversa em busca de entendimento.

- Entrar no contexto. Para que se transmita a importância de uma ideia, de um conceito ou de um fato, é necessário que ele seja contextualizado, ou seja, que se entre no contexto em que ele ocorreu. Do contrário, muito se perde. É muito difícil se comunicar algo com justeza e veracidade quando o contexto não é bem compreendido.
- Recuperar o contexto. Julgamentos injustos, tanto de si mesmo quanto dos outros, são muito comuns quando se esquece o contexto em que o fato ocorreu – acontecimentos, decisões, atitudes. É um erro se fazer crítica e autocrítica desvinculada do todo, da época e da situação em que se deu o ocorrido. Muito comum, porém. Há de se recuperar o contexto para que justiça seja feita.

• Um ruído de fundo interfere na concentração? •

A resposta aqui é sim, sem dúvida. Quer seja em casa, na escola ou no trabalho, um ruído de fundo, mesmo que de baixa intensidade, perturba a concentração das pessoas. E o que é pior: a exposição continuada não leva à habituação, ou seja, não adianta tentar abstrair, porque ele vai continuar incomodando. O estresse resultante de um ruído de fundo perturba a atenção e a capacidade de manter o foco, prejudicando o aprendizado e a assimilação de informações.

• A importância de um refúgio •

Você tem um refúgio, um lugar em que se sinta à vontade, de bem consigo mesmo e protegido? Tomara que sim. É muito benéfico e saudável poder se desligar da agitação, da imprevisibilidade e da correria da vida cotidiana que tanto nos estressam. "Os Mulheres Negras", dupla formada pelos geniais André Abujamra e Maurício Pereira, abordam o tema em "Sub" (1988).

• Até que ponto se deve acreditar no outro? •

Muito frequentemente confiamos em coisas que escutamos de outras pessoas. De maneira geral, isso não causa grandes problemas, mas acontece de recebermos informações incorretas, distorcidas ou mesmo mentirosas. Esse fato deriva não somente da observação de outras pessoas já que seguramente nós mesmos, uma vez ou outra, de propósito ou por ingenuidade, cometemos enganos e repassamos informações falsas. Por que com os outros também não seria assim?

Ocasionalmente escutamos relatos contraditórios de duas pessoas sobre uma mesma ocorrência – o que implica que pelo menos uma esteja errada –, sem que nos seja possível dizer qual. Sabemos até que razões alguém teria para falsear relatos: algum interesse em jogo, proteção de alguém, defesa de uma ideologia, o prazer de contar um causo, não ter compreendido o que houve, simples engano ou para prejudicar, ofender e desqualificar alguém. E aí? Em quem e até que ponto acreditar?

Resposta 1: se for alguém confiável, respeitável, sério e experiente no assunto que aborda, até prova em contrário, a ser buscada de forma mais ou menos dedicada na medida em que a informação que lhe foi transmitida o interessa e é importante para você. Caso, no seu levantamento (por fontes confiáveis e de qualidade), perceba erros ou contradições, não hesite em confrontar, assertiva e respeitosamente, quem falou besteira. Afinal, sendo quem é, pode apenas ter se enganado.

Resposta 2: se for um mentiroso contumaz, um 171, uma pessoa não confiável ou ignorante do assunto que aborda, até prova a favor do que ele diz, a ser buscada de forma mais ou menos dedicada na medida em que a informação que lhe foi transmitida lhe interessa e é importante para você. Caso, no seu levantamento (por fontes confiáveis e de qualidade), não as encontre, nem perca seu tempo tentando esclarecer o ocorrido imaginando que possa ter sido apenas um engano.

• Aprendendo a aprender •

Das diversas técnicas de estudo, a que se denomina de foco intermitente é uma das melhores. Ela consiste na alternância de períodos em modo focado, com atenção concentrada no assunto, com outros em modo difuso, em que a atenção se dispersa. Idealmente os primeiros são de 20 a 25 minutos e os segundos de 5 minutos, feitos em sequência com o auxílio de um timer.

Aprendendo a aprender (2014) é o título de um livro de Bárbara Oakley, professora e pesquisadora estadunidense. Nele, a autora dá um sentido evolutivo ao aprendizado por foco intermitente além de relacioná-lo com o funcionamento cognitivo normal. Também aborda o que fazer quando se empaca em determinado ponto do processo: interrompê-lo por uns 30 minutos, durante os quais se deve fazer algo que possibilite sua atenção vagar. Uma caminhada, por exemplo.

• Depois eu faço •

Duzentos anos antes dos videogames, da internet e das redes sociais virtuais, Samuel Johnson (1709-1784), escritor e pensador inglês, já dizia que a procrastinação é "uma das fraquezas gerais que, apesar da instrução dos moralistas e dos protestos da razão, prevalece em maior ou menor grau em toda mente". Isso porque, hoje se sabe, essa tendência se deve ao "design" cognitivo do nosso cérebro: há um descompasso entre os processos mentais que estabelecem metas para o futuro e os que estão por trás da escolha do que fazer no momento presente. Os últimos têm preferência. As tarefas cujo adiamento é mais tentador geralmente pertencem a duas categorias: as que não são divertidas e aquelas que não precisam ser feitas agora.

• O inconsciente •

Inconsciente é um termo técnico com dois significados distintos. No sentido mais amplo se refere ao conjunto de processos mentais/cognitivos que se desenvolvem sem intervenção da consciência. O outro significado é o da teoria psicanalítica, que designa uma forma específica de estruturação e funcionamento mental. No livro

Subliminar – Como o inconsciente influencia nossas vidas (2013), o físico Leonard Mlodinow, cujo texto é agradável e recheado de exemplos ilustrativos, afirma que há muita atividade mental que jamais será revelada por terapia pois ocorre em nível cerebral não acessível à consciência. Complementa afirmando que essa inacessibilidade, que não se deve a mecanismos de defesa, garante nosso perfeito funcionamento mental e social. Recomendo a leitura.

• Insaciáveis •

Há os que se contentam com pouco e os que sempre querem mais. Esses são os insaciáveis, os que só e insistentemente reclamam do que ainda não têm e não valorizam o que já conquistaram. Nos dias de hoje, em que vigoram a ambição desmedida e o sucesso rápido, eles são muitos. Alexia Bomtempo canta como é cansativo e frustrante conviver com pessoas assim, os que nunca estão satisfeitos, em “Mais” (2008). Sem se darem conta, tais pessoas pavimentam o caminho para uma vida vazia e sem graça.

• Probabilidade •

Probabilidade é o estudo das chances de ocorrência de um resultado, obtidas pela razão entre casos favoráveis e casos possíveis. Por isso, por se tratar de um quociente de dois números, seu valor varia entre 0 e 1. Zero seria um evento impossível e 1, indicativo de evento certo de acontecer. Isso posto de maneira bastante simplificada. A interpretação desse valor, por outro lado, depende do que está em jogo e do grau de ansiedade – emoção que funciona como lente de aumento para problemas e perigos. O diálogo abaixo ilustra esse fenômeno.

> "O risco de isso acontecer é muito pequeno", disse para minha amiga, ansiosa de carteirinha, e sempre com a cabeça repleta de preocupações.
> "Não importa", ela respondeu.
> "É preciso colocar as coisas em perspectiva", insisti.
> "Como assim?"
> "A probabilidade é de um em um milhão"
> "Não adianta. O problema é o um", ela explicou.
> "Um em um milhão é um risco aceitável, você há de convir."
> "Não para o um! Não para o um!"

• Epigenética •

Epigenética é o nome que se dá à interação entre fatores do ambiente e a expressão gênica do nosso DNA. O termo é relativamente novo, mas o fenômeno é conhecido há tempos. Mesmo gêmeos idênticos, com exatamente o mesmo código genético, diferem quanto à ocorrência de transtornos metabólicos, mentais e na resposta a medicamentos. Isso porque, mesmo tendo exatamente o mesmo DNA, a expressão dos genes que o compõem é diferente em virtude de experiências de vida.

Na medida em que compreendemos melhor como se dá a transmissão genética entre gerações de características adquiridas pela interação entre genes e ambiente aumenta a chance de surgirem medidas preventivas contra muitos problemas de saúde e de relacionamento interpessoal.

• Álcool e memória •

Há muito se sabe que o uso crônico de álcool perturba a memória a ponto, inclusive, de provocar um transtorno mental orgânico, a síndrome de Korsakoff, cujas principais manifestações são alterações de memória e confabulações para preencher as lacunas que surgem.

Também se pensava que o álcool prejudicasse o entendimento e a assimilação de fatos ocorridos recentemente – em um acidente, por exemplo –, de modo que policiais e bombeiros viam com desconfiança e evitavam entrevistar pessoas alcoolizadas. Isso mudou.

O grupo da psicóloga clínica e pesquisadora Malin Hildebrand Karlén, da Universidade de Gothenburg (Suécia), documentou em estudo recente[2] que tanto voluntários sãos sóbrios quanto intoxicados pelo álcool (em doses equivalentes a 4 doses – 400 ml de vinho tinto, 1,3 litro de cerveja ou 90 ml de destilado) se saíram melhor na rememoração imediatamente após o filme que lhes foi mostrado do que os que foram entrevistados uma semana depois de terem visto o mesmo filme.

Insisto: ambos os grupos (voluntários sóbrios e intoxicados pelo álcool – com no mínimo 0,08 ml por litro de sangue) recordaram-se melhor de detalhes do ocorrido do que os voluntários dos outros grupos (sóbrios e intoxicados), os quais foram entrevistados uma semana depois de verem o filme. Com isso, demonstrou-se que faz sentido colher o depoimento de pessoas embriagadas o quanto antes, visto que sua capacidade de recordação diminui com o passar do tempo.

2 Karlén, M. H. et al. *Alcohol intoxicated witnesses' interpretation of social behavior in intimate partner violence.* Applied Cognitive Psychology, 2018.

• A força do hábito •

"Os hábitos, raiz do nosso comportamento, podem ser mudados, se entendermos como eles funcionam". Essa é a tese de Charles Duhigg, jornalista estadunidense e ganhador do prêmio Pulitzer, no livro *O poder do hábito* (2012). Pouco a pouco, de maneira didática e valendo-se de muitos exemplos, ele descreve como um hábito é construído, quais os seus componentes (o "loop" estímulo – rotina – recompensa e o anseio pela recompensa) e sugere uma estratégia para modificá-lo, caso ele não esteja lhe fazendo bem. Segundo Duhigg, o negócio é mudar a rotina, o componente intermediário do "loop", depois de bem compreendidos o estímulo e a recompensa. Recomendo a leitura.

Posfácio

Acabou. Era o que tinha preparado para este volume. A essa altura, duas são as reações possíveis. A primeira, de pesar pelo fim de uma leitura agradável. A outra seria de alívio: "ainda bem que acabou, já não aguentava mais". Bem sei que não se pode agradar a todos. Isso porque a percepção de algo como bom ou ruim, interessante ou não, com ou sem valor, é relativa; depende da expectativa inicial de cada pessoa bem como dos seus princípios, da sua experiência e dos seus referenciais.

É prazeroso acreditar que alguns leitores apreciaram este livro. Mais ainda imaginar que esses meus singelos pensamentos críticos – sim, tenho consciência de que eles não são sofisticados e nem inovadores – possam servir de inspiração para que mais e mais pessoas saiam da posição de receptor passivo de informações e passem a questionar, diversificar suas fontes de conhecimento e imergir mais profundamente em suas leituras, de modo a estimular a cognição necessária para o pensamento crítico e reflexivo tão em falta hoje em dia.

Já me dou por satisfeito por ter podido, mesmo que por limitado período de tempo, dispor de sua atenção. A glória, por sua vez, seria saber que minhas reflexões, dicas de leitura e indicações de músicas foram de seu agrado.

Comentários, críticas, sugestões? Não deixe de publicá-los no meu site – www.luizalbertohetem.com.br, na minha página no Facebook – facebook.com/drluizalbertohetem ou no Instagram – @luizalbertohetem.

FONTE: Minion Pro

#Novo Século
nas redes sociais